Im Ruhestand clever anlegen

WISSEN FÜR SENIOREN

Isabell Pohlmann

Die Deutsche Nationalbibliothek verzeichnet diese Publikation in der Deutschen Nationalbibliografie; detaillierte bibliografische Daten sind im Internet über http://dnb.d-nb.de abrufbar.

ISBN: 978-3-937880-73-0

Liebe Leserin, lieber Leser,

im Herbst 2008 haben Meldungen über Bankenpleiten, Kursverluste und schwer zu kalkulierende Risiken für den gesamten Finanzmarkt die Nachrichtenwelt bestimmt – kein Wunder, dass in dieser Zeit die Angst um das eigene Ersparte steigt: Ist das Geld noch sicher und wie sorge ich dafür, dass es sicher bleibt?

Gerade für Ruheständler sind diese Fragen von besonderer Bedeutung. Das gilt nicht nur in kritischen Zeiten, sondern auch dann, wenn sich die Märkte wieder beruhigen: Viele Rentner und Pensionäre haben ihr Leben lang gespart, um die Rente aufzubessern. Würde auf einmal alles oder zumindest ein großer Teil des Ersparten verloren gehen, könnte das im schlimmsten Fall sogar ihren Lebensunterhalt aufs Spiel setzen. Längst nicht alle haben die Zeit, um schlechte Finanzlagen auszusitzen. Und längst nicht alle haben die nötigen regelmäßigen Einnahmen, um mögliche Verluste ausgleichen zu können.

An einer durchdachten Finanzplanung führt somit kein Weg vorbei. Unser Ratgeber soll Ihnen helfen, die für Sie passenden Anlagen zu finden. Deshalb

- stellen wir die wichtigsten Geldanlageprodukte mit ihren Vor- und Nachteilen ausführlich vor,
- zeigen wir, wie weit Sie im Ruhestand bei Ihrer Geldanlage gehen können und wovon Sie doch lieber Abstand nehmen sollten und
- nennen wir die wichtigsten Schritte vor der Entscheidung für das eine oder andere Geldanlageprodukt.

Eine allgemein gültige Anlagestrategie gibt es leider nicht – zu viele individuelle Faktoren spielen eine Rolle. Zwei Punkte sollte aber jeder von Ihnen unbedingt beachten: Legen Sie Ihr Geld so an, dass Sie ruhig schlafen können – gehen Sie nur Risiken ein, die Sie einschätzen können. Und investieren Sie nur in Produkte, die Sie verstehen. Fragen Sie vor Vertragsabschluss lieber einmal zu viel als einmal zu wenig.

Inhalt

Clever Geld anlegen: Die Grundlagen

Warum gezielte Geldanlage so viel bringt

„Wenn ich Rentner bin, möchte ich ...“: Für diesen Satz wird jeder von Ihnen eine ganz eigene Ergänzung haben: endlich etwas von der Welt sehen; auch weiterhin ab und zu ins Restaurant und Theater gehen können, ohne jeden Euro dreimal umdrehen zu müssen; meiner Familie finanziell unter die Arme greifen können, wenn es nötig ist. Oder einfach: „Auch als Rentner möchte ich finanziell in etwa so flexibel bleiben, wie ich es bisher war.“

Ohne ein finanzielles Polster lassen sich die kleinen oder auch großen Wünsche im Ruhestand allerdings nicht erfüllen. Schon diese kurze Wunschliste zeigt, wie wichtig eine sinnvolle und durchdachte Geldanlagestrategie ist – ganz gleich, ob Sie vielleicht gerade erst an der Schwelle zum Ruhestand stehen oder den Berufsalltag bereits einige Jahre hinter sich haben.

Die meisten von Ihnen werden schon während des Berufslebens vorgesorgt haben, um im Ruhestand eine gewisse finanzielle Freiheit zu genießen: Einzahlungen in die gesetzliche Rentenversicherung, in eine Kapitallebensversicherung oder Investmentfonds, der Kauf einer Immobilie – all das sorgt dafür, dass nach dem Arbeitsleben in der Regel auf ein mehr oder weniger großes Vermögen zurückgegriffen werden kann.

Einen Teil dieses Vermögens erhalten Sie im Ruhestand in Form regelmäßiger Zahlungen, deren Höhe Sie nicht mehr beeinflussen können. Das gilt insbesondere für die gesetzliche Rente, eine Beamtenpension oder beispielsweise auch für die Leistungen aus einer Betriebsrente des früheren Arbeitgebers.

Aus dem anderen Teil Ihres Vermögens – etwa die Auszahlung aus der Kapitallebensversicherung oder Ihr Erspartes, das bei der Bank auf dem Girokonto schlummert – können

Sie hingegen noch etwas machen. Ihnen stehen verschiedene Wege offen, um dieses Geld in Form einer Zusatzrente zu verbrauchen, das Guthaben zumindest zum Teil zu erhalten oder im Laufe der Jahre sogar zu vergrößern. Entscheidend für das weitere Vorgehen sind Ihre persönlichen Wünsche und Zielsetzungen, die Sie mit der Geldanlage verbinden.

Was Renditeunterschiede ausmachen

Um den früheren Lebensstandard in etwa halten zu können, sollten Ihnen Monat für Monat mindestens 80 Prozent des Einkommens zur Verfügung stehen, auf das Sie auch während Ihres Erwerbslebens zurückgreifen konnten.

Zwar fallen nach der Berufstätigkeit einige Ausgaben weg – bei vielen Paaren zum Beispiel der Zweitwagen, weil nicht mehr beide Partner zur Arbeit fahren müssen. Oder der teure Versicherungsschutz für den Fall von Berufsunfähigkeit. Doch gleichzeitig können auch neue Ausgaben auf Sie zukommen, die Sie berücksichtigen sollten. Ein ganz wichtiger Posten ist dabei die Gesundheit: Das Risiko, dass Ausgaben für ein Pflegeheim oder kostspielige Medikamente anfallen, steigt mit zunehmendem Alter. Möglich ist aber auch, dass beispielsweise eine Reparatur am etwas in die Jahre gekommenen Eigenheim oder der Kauf eines neuen Autos notwendig werden.

Um alle regelmäßigen Ausgaben bestreiten und sich darüber hinaus noch etwas leisten zu können, werden viele nicht umhin kommen, sich auch nach dem Erwerbsleben intensiv mit dem Thema Geldanlage zu beschäftigen. Sie können natürlich das in den Jahren zuvor erworbene Vermögen einfach sammeln, auf Ihr Girokonto legen und sich nach und nach von diesem Polster bedienen. Das wird einige Zeit lang funktionieren, doch auf Dauer? Rein statistisch muss Ihr Vermögen bei Rentenantritt mit Mitte 60 noch knapp 20 Jahre reichen. Aber der Zeitraum kann auch um einiges länger ausfallen, wenn Sie 100 Jahre oder älter werden.

Deshalb sollten Sie das Beste aus Ihrem Geld machen. Warum sich das lohnt, zeigt ein einfaches Beispiel:

Beispiel: Anton Albers und seine Frau Anna haben etwa 100 000 Euro gespart. Da ihre gesetzlichen Renten nicht allzu üppig sind, wollen sie aus dem gesparten Kapitalvermögen eine regelmäßige Zusatzrente von 400 Euro im Monat beziehen. Zehn Jahre später ist Anna Albers aufgrund einer Erkrankung auf den Rollstuhl angewiesen. Da die Albers ihr Haus gern halten wollen, lassen sie es umbauen. Die Kosten dafür: 25 000 Euro. Ohne Verzinsung der 100 000 Euro wären nach 10 Jahren bereits 48 000 Euro aufgebraucht. Nach Entnahme der Bausumme bleiben noch 27 000 Euro. Nach nicht einmal sechs Jahren wäre das Geld bei der weiteren Entnahme der 400 Euro endgültig weg.

INFOS: Die verschiedenen Möglichkeiten, eine regelmäßige Rente aus einem angesparten Vermögen zu entnehmen, werden im Kapitel „Im Ruhestand weiter Vermögen aufbauen und davon leben" ab Seite 39 genauer vorgestellt.

Mit einer Verzinsung von durchschnittlich 4 Prozent könnten die 100 000 Euro trotz der Baukosten nach dem Umbau immer noch mehr als 19 Jahre für eine monatliche Zusatzrente von 400 Euro reichen.

Würde das Paar statt dessen von Anfang an monatlich nur 300 Euro Zusatzrente benötigen, würden die 100 000 Euro trotz der zwischenzeitlichen Umbaukosten bei einer Verzinsung von 4 Prozent insgesamt für rund 60 Jahre reichen.

Grundregeln für die Geldanlage

Wenn Sie Ihr Geld sinnvoll anlegen möchten, sollten Sie gewisse Grundregeln der Geldanlage beachten. Diese Regeln sind für den Ruhestand nicht prinzipiell anders als während der Zeit des Erwerbslebens.

Ganz wichtig ist, dass Sie nicht alles auf eine Karte setzen, sondern die für Sie richtige Mischung aus verschiedenen Anlageprodukten finden. Ziel sollte sein, Ihr Geld so anzulegen, dass sich die für Ihre Lebens- und Finanzsituation passende Kombination aus Sicherheit, Renditechancen und Liquidität ergibt.

Das magische Dreieck

Die passende Mischung dieser drei Faktoren, die das „magische Dreieck" der Geldanlage bilden, müssen Sie für sich und Ihre Angehörigen individuell finden.

- **Sicherheit:** Gerade im Rentenalter ist finanzielle Sicherheit unverzichtbar: Ihre regelmäßigen Einnahmen sollten so hoch sein, dass Sie alle Ausgaben, die zum Lebensunterhalt zwingend erforderlich sind, decken können. Solange das nicht gewährleistet ist, sollten Sie Ihr Geld nicht durch etwas riskantere Anlagen aufs Spiel setzen. Wichtig ist zudem ein weiteres sicheres, jederzeit verfügbares Polster, um unerwartete Ausgaben decken zu können.
- **Rendite:** Je sicherer eine Geldanlage ist, desto größer sind die Abstriche, die der Anleger meist bei den Renditechancen hinnehmen muss. Umgekehrt gilt: Je mehr Risiko Sie bereit und in der Lage sind zu tragen, desto größer sind in der Regel auch Ihre Renditechancen.

  Nur weil Sie das Rentenalter bereits erreicht haben, bedeutet das nicht automatisch, dass Sie auf jegliches Risiko in der Geldanlage verzichten müssen: Voraussetzung ist allerdings, dass Sie die sichere finanzielle Basis für Ihren Lebensunterhalt geschaffen haben. Wenn Sie darüber hinaus noch Spielraum haben, spricht nichts dagegen, zumindest mit einem Teil Ihres restlichen Vermögens ein bisschen mehr zu riskieren. Deshalb kommen zum Beispiel auch Aktienfonds für Sie noch infrage, wenn Sie in der Lage sind, über einen längeren Zeitraum auf Ihr Geld zu verzichten und einen möglichen Verlust verkraften könnten.
- **Liquidität:** Hier zeigt sich aber auch die Kehrseite der chancenreichen Geldanlage, denn auch Rendite und Liquidität – die Möglichkeit, angelegtes Vermögen kurzfristig in Bargeld umzuwandeln – hängen voneinander ab: Je länger Sie darauf verzichten können, über Ihr Geld zu verfügen, desto höher sind im Normalfall auch Ihre Renditechancen. Wer auf lange Sicht beispielsweise mit einem Aktienfonds ansehnliche Renditen erzielen will, sollte nicht darauf angewiesen

sein, seine Fondsanteile verkaufen zu müssen, um kurzfristig ein Loch in der Haushaltskasse zu schließen. In einem Börsentief würde er sonst große Verluste machen.

Nicht alles in einem Produkt

Leider gibt es kein Geldanlageprodukt, das alle drei Seiten des magischen Dreiecks in optimaler Weise miteinander vereint. Ziel muss es deshalb sein, Anlageprodukte geschickt miteinander zu kombinieren. Die Art und der Umfang des bisher vorhandenen Vermögens spielen dafür eine wichtige Rolle, aber auch individuelle Faktoren wie beispielsweise Ihre persönliche Risikobereitschaft, ein möglicher Wunsch nach einer besonders bequemen Geldanlage, die familiäre Situation und letztlich auch die Zielsetzung, die Sie mit der Geldanlage verfolgen. Eine allgemein gültige Strategie gibt es demnach nicht.

Das magische Dreieck der Geldanlage

Rendite, Sicherheit und Liquidität: Zwischen diesen Eckpunkten lassen sich alle Geldanlagen einordnen. Kein Investment erfüllt alle drei Kriterien gleichermaßen. Das klassische Dreieck lässt sich um das Kriterium „Bequemlichkeit" erweitern.

Die nötige Vorbereitung

Bevor Sie sich entscheiden, wie Sie Ihr Geld anlegen, sollten Sie daher für sich einige entscheidende Fragen klären:

- Wie viel Geld steht mir überhaupt für eine weitere Geldanlage zur Verfügung?
- Wie habe ich bisher mein Geld angelegt und wie gehe ich darauf aufbauend weiter vor?
- Welche Ziele verbinde ich mit der Geldanlage: Was will ich erreichen und welcher Zeitraum steht mir dafür voraussichtlich zur Verfügung?

Diese Bestandsaufnahme ist der erste Schritt und sollte auf jeden Fall erfolgen, ehe Sie sich für eines oder mehrere Anlageprodukte entscheiden. Nur so können Sie im Anschluss eine passende Geldanlagestrategie entwickeln, die die Faktoren Sicherheit, Renditechancen und Liquidität sinnvoll kombiniert und Ihnen genau das persönliche Engagement abverlangt, das Sie bereit sind, für Ihre Geldanlage zu investieren.

Schritt I:
Wie viel Geld steht monatlich für die Geldanlage zur Verfügung?

Wenn Sie kurz vor dem Eintritt in den Ruhestand stehen oder gerade Rentner oder Pensionär geworden sind, ist dies auf jeden Fall der richtige Zeitpunkt, um einen Kassensturz zu machen und zu überprüfen, welche Einnahmen und welche Ausgaben *regelmäßig* auf Sie zukommen.

Auch wenn Sie schon länger aus dem Erwerbsleben ausgeschieden sind, kann es nicht schaden, diesen Schritt ab und an zu wiederholen: Gerade auf der Ausgabenseite können Preissteigerungen und kurzfristige Ereignisse wie ein Pflegefall in der Familie oder finanzielle Unterstützung für die Angehörigen dafür sorgen, dass Ihre anfängliche Planung nicht mehr passt. Nehmen Sie sich deshalb alle paar Monate die Zeit für den Haushaltscheck.

INFOS: Beim Kassensturz hilft es, ein Haushaltsbuch zu führen. Ein solches Buch können Sie bei vielen Banken und Sparkassen sowie bei den Verbraucherzentralen bekommen zum Beispiel übers Internet unter www.verbraucherzentrale.com.

Regelmäßige Einnahmen: Die Rente als wichtigster Posten

Für die meisten Senioren ist die monatliche Zahlung aus der gesetzlichen Rentenversicherung die wichtigste Einnahmequelle im Alter. Je nach früher ausgeübtem Beruf kann es aber auch die Beamtenpension, die Zahlung aus einem berufsständischen Versorgungswerk oder die Leistung aus der landwirtschaftlichen Alterskasse sein. Für diejenigen, die ihr gesamtes oder nahezu ihr gesamtes Leben selbstständig gearbeitet und kaum Rentenbeiträge entrichtet haben, sind andere Quellen – zum Beispiel aus privaten Versicherungen oder Immobilien – die wichtigsten Posten.

Diese aus eigener Vorsorge geschaffenen Extras sollten aber auch alle mit regelmäßiger gesetzlicher Rentenzahlung nicht vergessen: Zu den regelmäßigen Einnahmen können auch Zahlungen aus privaten Rentenversicherungen, Firmenrenten und Betriebspensionen gehören sowie die Einnahmen aus einem Nebenjob. Immer größere Bedeutung bekommen auch die Leistungen aus geförderten Vorsorge-Verträgen wie Riester- und Rürup-Rente. Die allerersten Riester-Sparer haben inzwischen das Rentenalter erreicht.

INFOS: Weitere Informationen zu Riester- und Rürup-Verträgen finden Sie im Ratgeber „Private Altersvorsorge" der Stiftung Warentest und im Internet unter www.test.de mit den Suchwörtern „Riester" und „Rürup"!

Wichtig: Wenn Sie oder Ihr Ehepartner noch erwerbstätig sind und kurz vor der Rente stehen, sollten Sie prüfen, ob ein geförderter Riester- oder Rürup-Vertrag für Sie oder Ihren Partner infrage kommt. Nutzen Sie die Unterstützung vom Staat, denn dank der staatlichen Förderung in Form von Zulagen und Steuervorteilen können sich die Renditen dieser Produkte im Vergleich zur klassischen privaten Vorsorge auf jeden Fall sehen lassen. Das gilt insbesondere für Sparer, die nur noch wenig Zeit bis zum Rentenbeginn haben!

Bei den Ausgaben noch etwas rausholen

Für den Kassensturz können Sie Ihre monatlichen Ausgaben den Einnahmen gegenüberstellen. Besser wäre es jedoch, das ganze Jahr zu betrachten und für diesen Zeitraum Kontoauszüge zu vergleichen und Rechnungen anzuschauen. Denn sonst vergessen Sie bei Ihrem Überblick womöglich jährlich anfallende Posten wie etwa die Beiträge für Versicherungen oder Ausgaben für Weihnachtsgeschenke.

Wie Ihre Ausgabenseite aussieht, hängt stark davon ab, welche festen Kosten Sie für die alltäglichen Dinge wie Wohnung, Lebensmittel, Kleidung oder Telefon haben.

Wichtig: Planen Sie mit ein, dass auch unerwartete Posten auftauchen können: Bei Eigenheimbesitzern können beispielsweise ein defektes Dach oder marode Wasserleitungen schnell ein Loch von einigen Tausend Euro in die Kasse reißen. Behalten Sie deshalb immer ein sicheres Polster auf einem Tagesgeldkonto – mindestens in etwa das Dreifache Ihrer regelmäßigen Monatseinnahmen.

Welche Versicherungen wirklich wichtig sind

Ein weiterer großer Posten auf der Ausgabenseite bleiben gerade mit 60 Plus die Versicherungen. Zum Rentenbeginn und auch später immer mal wieder sollten Sie prüfen, ob Sie alle Verträge, die Sie haben, tatsächlich benötigen und ob Sie nicht irgendwo günstigere Angebote finden können.

Die Versicherer entdecken Rentner immer stärker als Zielgruppe. Es gibt viele Angebote für die „Best-Ager", doch nicht alles, was speziell für diese Altersgruppe angeboten wird, benötigen Sie tatsächlich.

Unverzichtbar sind für alle Rentner der Krankenversicherungsschutz und der Schutz durch eine Privathaftpflichtversicherung.

- **Die Krankenversicherung:** Rentner, die in einer gesetzlichen Krankenkasse versichert sind, können wie Erwerbstätige auch die Kasse wechseln, wenn sie ein Angebot finden, das besser zu ihnen passt. Diese Wahlmöglichkeit haben privat versicherte Senioren nicht: Aus der Versicherung, in die sie über Jahre eingezahlt haben, kommen sie in der Regel nicht heraus. Je nachdem, ob jemand gesetzlich oder privat krankenversichert ist, zahlt er Beiträge an die gesetzliche Pflegeversicherung oder die private Pflegepflichtversicherung.

Wichtig: Ab 2009 gilt für alle gesetzlichen Krankenkassen ein einheitlicher Beitragssatz. Wählen Sie Ihre Krankenkasse dann nach den Leistungen aus, die Ihnen wichtig sind – zum Beispiel ein direkter Ansprechpartner in einer Filiale in der Nähe oder ein besonderer Leistungskatalog.

- **Die Privathaftpflichtversicherung:** Die Privathaftpflichtversicherung ist zwar gesetzlich nicht vorgeschrieben, doch sie gehört unverzichtbar in jeden Haushalt. Sie springt ein, wenn der Versicherte jemandem einen Schaden zufügt. Wer das Eigentum eines anderen beschädigt oder eine Person sogar verletzt, haftet für den Schaden und muss für diesen aufkommen. Fehlender Versicherungsschutz könnte den Schadenverursacher ruinieren.

Weitere Versicherungen sind außerdem empfehlenswert:

- Hausbesitzer benötigen eine Wohngebäudeversicherung – auf jeden Fall einen Vertrag, durch den Schäden durch Feuer gedeckt sind und je nach Wohnlage auch Sturmschäden. Möglich ist auch der Schutz für Leitungswasserschäden.
- Ob Sie eine Hausratversicherung benötigen, müssen Sie selbst entscheiden: Die Versicherung springt ein bei Schäden an Einrichtungsgegenständen, die zum Beispiel durch eine geplatzte Wasserleitung, Feuer oder Einbruch entstanden sind. Wenn Sie glauben, die finanziellen Folgen eines solchen Schadens aus eigener Tasche tragen zu können, benötigen Sie die Versicherung nicht. Bei wertvoller Einrichtung ist sie jedoch zu empfehlen.
- Als Halter eines Autos benötigen Sie auf jeden Fall eine Kfz-Haftpflichtversicherung. Sie ist gesetzlich vorgeschrieben. Je nach Wert des Wagens kann es sich lohnen, zusätzlich eine Voll- oder Teilkaskoversicherung abzuschließen.
- Für Auslandsreisen ist unbedingt eine Auslandsreise-Krankenversicherung zu empfehlen, denn die gesetzliche Krankenkasse kommt für viele Behandlungskosten im Ausland gar nicht oder nur begrenzt auf. Einen Krankenrücktransport zahlt sie nie. Wenn Sie privat krankenversichert sind, sollten Sie vor einem Urlaub prüfen, wie weit und wie lange der Schutz reicht und ob der Versicherer den Rücktransport übernimmt. Gegebenenfalls brauchen auch Privatversicherte einen Extra-Vertrag für das Ausland.

INFOS: Weitere Informationen zum Versicherungsschutz für Rentner finden Sie im Finanztest-Heft 10/07, das Sie unter www.test.de/shop oder telefonisch unter 0 18 05/00 24 67 bestellen können. Auf www.test.de finden Sie außerdem regelmäßig aktuelle Untersuchungen zu den besten und günstigsten Versicherungen einer Sparte.

- Eine Unfallversicherung kann für Sie sinnvoll sein, falls Sie zum Beispiel sportlich sehr aktiv sind und sich vor Mehrkosten durch eine durch einen Unfall bedingte Invalidität schützen wollen. Wenn Sie diesen Schutz wünschen, ist es meist sinnvoller, einen aus dem Berufsleben bestehenden Vertrag beizubehalten statt eine spezielle Senioren-Unfallversicherung abzuschließen. Selbst wenn Sie Beitragszuschläge zahlen müssen, ist ein „normaler" Vertrag oft leistungsstärker und günstiger als Senioren-Spezialtarife.

Dies sind die wichtigsten Verträge. Hingegen sollten Sie etwa von einer Autoinsassenversicherung oder einer Reisegepäckversicherung Abstand nehmen. Auch eine Sterbegeldversicherung sollten Sie sich nicht leisten! Diese Versicherung wird Senioren angeboten, damit nach dem Tod nicht die Kinder auf den Kosten für die Beerdigung sitzen bleiben. Die Versicherten zahlen regelmäßig ein und ersparen sich so eine Summe, mit der die Bestattungskosten beglichen werden können. Allerdings ist das Risiko groß, dass Sie als Kunde im Lauf der Jahre viel mehr einzahlen, als der Versicherer letztlich auszahlt.

TIPP

Eine bessere Alternative zur Sterbegeldversicherung wäre zum Beispiel ein Banksparplan (→ Seite 62), in den Sie regelmäßig einzahlen. Ihre Kosten sind geringer und daher die Renditeaussichten besser!

Wichtig: Prüfen Sie bei Versicherungsverträgen, die Sie beibehalten möchten, ob Sie durch eine Umstellung eines Vertrags sparen können. Zum Beispiel bei der Autoversicherung: Wer in Rente ist, fährt oft weniger als als Berufstätiger. Wenn der Versicherer das weiß, ist ein günstigerer Beitrag drin.

Die Wohnungsfrage

Für manch einen von Ihnen dürfte es sich auch lohnen, die Wohnsituation neu zu bedenken. Eine kleinere Wohnung für ein Rentnerpaar statt der jahrzehntelang von der gesamten Familie bewohnten Fünf-Zimmer-Wohnung? Eine gemütliche Eigentumswohnung statt des Einfamilienhauses?

Natürlich fällt eine solche Entscheidung für einen Wohnungswechsel nicht leicht, doch die anfänglichen Rahmenbedingungen – etwa beim Bau der eigenen vier Wände – können sich verändert haben: Vielleicht war es der ursprüngliche Wunsch, als Rentner unabhängig von Mietzahlungen und finanziell flexibler zu sein. Außerdem sollten auch die Kinder hier ihr zweites Zuhause behalten. Doch was, wenn die Realität heute anders aussieht? Angenommen, die Kinder leben aus beruflichen Gründen in anderen Städten und haben auf Dauer kein Interesse an der Immobilie? Die Arbeit im Garten und die notwendigen Aufgaben im Haus fallen Ihnen nicht mehr so leicht wie erhofft, die Zimmer in der oberen Etage stehen komplett leer?

In einer solchen Situation kann es sich anbieten, über einen Verkauf des Eigenheims nachzudenken. Das Geld aus dem Verkauf reicht dann womöglich für den Kauf einer Eigentumswohnung und eine kleine zusätzliche Rente. Lassen Sie sich genügend Zeit mit der Entscheidung über Ihre zukünftige Wohnsituation und überlegen Sie sich genau, welche Wünsche Sie an Ihre Wohnung im Ruhestand haben.

Einnahmen und Ausgaben: Wie viel bleibt übrig?

Falls Sie beim Haushaltscheck feststellen, dass Ihre regelmäßigen Einnahmen nicht ausreichen, um Ihre Ausgaben im Rentenalter zu decken, haben Sie zunächst zwei Möglichkeiten. Als erstes sollten Sie prüfen, ob Sie weiter an der Ausgabenschraube drehen können. Neben den Wohnungsausgaben und Versicherungsverträgen bleiben weitere Posten, die Sie womöglich angehen können:

- Benötigen Sie noch ein Zweitauto?
- Gibt es günstigere Angebote für Strom, Gas und Telefon?
- Gibt es Extras, auf die Sie verzichten können?

Außerdem sollten Sie prüfen, ob Sie Ihre Einnahmen noch aufbessern und sich zum Beispiel durch einen Nebenjob eine zusätzliche regelmäßige Einnahmequelle schaffen können (→ Kapitel „Wegweiser" Seite 115). Wenn Sie hingegen feststellen, dass Ihre regelmäßigen Einnahmen in etwa so hoch sind wie Ihre Ausgaben oder sogar höher, wissen Sie, wie viel Geld Sie für weitere Anlagen in die Hand nehmen können.

Schritt II:
Welches Vermögen habe ich bereits?

Viele Rentner fangen mit der Vermögensbildung nicht bei Null an: Die vorhandenen Vermögenswerte sollten Sie in Augenschein nehmen, bevor Sie über weitere Geldanlagen nachdenken. Rechnen Sie zusammen, welches Vermögen Sie auf Bankkonten und in Sparbriefen besitzen. Berücksichtigen Sie die Kapitallebensversicherung, die womöglich in Kürze ausgezahlt wird. Und beziehen Sie in diese Rechnung auch Ihre Wertpapiere zum aktuellen Kurswert mit ein, vermietete Immobilien zum aktuellen Verkehrswert.

Den Wert Ihres selbstgenutzten Eigenheims und Ihrer Einrichtungsgegenstände lassen Sie hingegen bei dieser Vermögensaufstellung außen vor – es sei denn, Sie planen, all das zu Geld zu machen, etwa weil Sie in eine kleinere Wohnung umziehen möchten. Wenn nicht, zählt die selbstgenutzte Immobilie nicht zu dem Vermögen, das Sie neu anlegen können, und bleibt deshalb hier unberücksichtigt.

Wichtig: Noch laufende Darlehen müssen Sie von der Summe Ihrer Vermögenswerte abziehen. Wenn Sie Schulden haben, sollten Sie diese schnellstmöglich begleichen, ehe Sie weiteres Geld anlegen. Eine bessere Rendite als die getilgter Kredite gibt es kaum.

Sicherheit, Rendite, Liquidität – wie sieht die bisherige Mischung meines Vermögens aus?

Wenn Sie sich den Überblick über Ihr Vermögen verschaffen, sollten Sie auch berücksichtigen, wie die Mischung Ihrer Anlageprodukte aussieht und wie schnell Sie überhaupt bestimmte Anlagen wieder auflösen können, um das Geld so zu investieren, wie es Ihren individuellen Bedürfnissen entspricht.

Dieser Vermögensüberblick hilft, um der Geldanlage eventuell neue Impulse zu geben: Denn so können Sie sich Gewissheit verschaffen, ob Sie beispielsweise durch Ihre gesetzliche und eine private Rente sowie Ihre festverzinslichen Anlagen die alltäglichen Ausgaben plus ein paar Extras schon jetzt problemlos aufbringen können. Unter diesen Voraussetzungen könnten Sie es wagen, einen Teil Ihres Vermögens auch mal in Investmentfonds zu investieren.

INFOS: Mehr zu den einzelnen Strategien lesen Sie ab Seite 113.

Schritt III: Welche Ziele verfolge ich mit der Geldanlage?

Nach den ersten beiden Schritten wissen Sie, ob Ihre Einnahmen für die alltäglichen Ausgaben ausreichen und wie viel Sie im Monat theoretisch zur Seite legen können, um weiter zu sparen. Geklärt haben Sie auch, welches Vermögen Sie bisher angesammelt haben und ob und wann Sie darauf zugreifen können. Jetzt sollten Sie sich die Frage stellen, was Sie mit Ihrer weiteren Geldanlage erreichen wollen.

Die Ziele, die Rentner mit ihrer Geldanlage verbinden, werden je nach persönlicher und familiärer Situation, aber auch aufgrund der finanziellen Möglichkeiten ganz unterschiedlich sein. Folgende Fragen spielen dabei eine Rolle:

- Was wollen oder was müssen Sie durch Ihre Geldanlage finanzieren?
- Wann stehen diese Ausgaben an?
- Wer soll von der Geldanlage profitieren?

Vielleicht haben Sie beim Sichten des Vermögens festgestellt, dass Sie sich noch ein regelmäßiges Zusatzeinkommen schaffen müssen, da Ihre Einnahmen aus gesetzlicher Rente und früheren Sparmaßnahmen für den Lebensunterhalt nicht ausreichen. Vielleicht wollen Sie aber auch für ein wenig Extra-Luxus sparen: Ihre Rente und Ihre regelmäßigen Einnahmen reichen zum alltäglichen Leben, was fehlt ist das Besondere wie zum Beispiel Geld für ein Wohnmobil, um versäumte Reisen nachzuholen oder Geld, um im sonnigen Süden überwintern zu können. Andere wollen diese Besonderheiten zwar nicht, hoffen aber doch auf ein paar kleinere regelmäßige Extras und genug Spielraum, um auch die Familie am Ersparten teilhaben zu lassen.

Wenn die Kinder unterstützt werden sollen, die gerade ihr eigenes Haus bauen oder wenn Sie der Enkelin in etwa fünf Jahren beim Studium etwas unter die Arme greifen möchten, hat das ebenfalls Einfluss darauf, wie viel Sie sparen können und wie Sie Ihr Geld anlegen sollten.

Ihre Sparziele sind von entscheidender Bedeutung, denn von ihnen hängt unter anderem ab, ob Sie Ihr Geld auf lange Sicht anlegen können – zum Beispiel in Investmentfonds – oder ob Sie kurz- oder mittelfristig zu einem bestimmten Zeitpunkt darauf zugreifen können müssen – je nach zeitlicher Planung könnten dann beispielsweise Bundesschatzbriefe oder Sparbriefe Ihrer Bank interessant sein.

Wenn Ihre Angehörigen nach Ihrem Tod noch etwas von Ihrem Vermögen haben sollen, wäre es ungünstig, Ihre Ersparnisse ausschließlich in eine private Rentenversicherung einzuzahlen, denn sie schützt in erster Linie nur den Versicherten selbst. Kinder und Enkel profitieren mehr, wenn Vermögen in Wertpapieren oder Sparguthaben steckt.

INFOS: Detailliertere Informationen rund um das Thema Erbschaften und Vermögensübertragungen finden Sie ab Seite 104.

Geldanlage und Steuern

Neben der Frage nach Art und Umfang lässt sich ein weiterer Aspekt beim Thema Geldanlage nicht vermeiden: der Umgang mit dem Finanzamt. Denn heute müssen mehr Rentner als noch vor einigen Jahren mit dem Finanzamt rechnen. Mehrere Gesetzesänderungen haben dafür gesorgt und sorgen dafür, dass die Besteuerung der Geldanlage ebenso wie die Besteuerung der übrigen Einkünfte, die Ruheständler haben, ein stetig neues Gesicht bekommen.

Auch wenn das Thema Besteuerung von Geldanlagen noch im Rentenalter für Sie aktuell bleibt, sollten die jeweiligen Steuerregeln nicht das entscheidende Kriterium für die Gestaltung Ihrer Anlagestrategie sein: Wählen Sie Produkte aus, weil sie eine für Sie angemessene Mischung aus Sicherheit, Renditechancen und Liquidität bieten und nicht allein deshalb, weil Sie damit Steuern sparen können!

Wichtig: Greifen Sie nicht zu Angeboten, nur weil sie mit Steuerfreiheit beworben werden. Dahinter können sich riskante Unternehmensbeteiligungen verbergen. Gleichzeitig sollten Sie aber auch nicht auf erfolgversprechende Anlageprodukte wie Investmentfonds verzichten, nur weil Sie ab 2009 auf die Kursgewinne mehr Steuern zahlen müssen. Wenn es Ihre finanzielle Situation zulässt, können Sie mit Aktienfonds trotz der neuen Abgeltungsteuer noch Renditen erzielen, die über denen anderer Anlageprodukte liegen!

Mit dem Finanzamt rechnen: Steuern auf die Rente

Entscheidende Veränderungen im Umgang mit dem Finanzamt brachte für alle Rentner das Alterseinkünftegesetz. Es ist Anfang 2005 in Kraft getreten. Seither müssen viel mehr Rentner als früher eine Steuererklärung abgeben und gegebenenfalls auch Steuern zahlen.

Denn eine entscheidende Neuerung dieses Gesetzes war, dass die Renten aus der gesetzlichen Rentenversicherung heute mindestens zur Hälfte steuerpflichtig sind. Vorher waren diese Leistungen nur zu einem deutlich niedrigeren Ertragsanteil der Steuer unterworfen. Diese Neuerung gilt ebenfalls für die Leistungen aus berufsständischen Versorgungswerken, in die Freiberufler wie beispielsweise Rechtsanwälte oder Ärzte einzahlen, oder Leistungen der landwirtschaftlichen Alterskasse.

Die Rentner, die 2005 oder früher ihre erste Rente bezogen haben, können durch die geänderte Gesetzgebung nur noch 50 Prozent ihrer monatlichen Leistungen steuerfrei beziehen. Für alle späteren Rentnerjahrgänge sinkt der steuerfreie Anteil weiter: Wenn Sie 2006 in Rente gegangen sind, sind 52 Prozent Ihrer Rentenzahlungen steuerpflichtig (➔ Seite 24). Für all diejenigen, die erst 2040 oder später in den Ruhestand gehen, gibt es dann gar keinen steuerfreien Anteil bei der gesetzlichen Rente mehr, sie müssen die Leistungen komplett versteuern.

Beamtenpensionen werden anders besteuert. Sie zählen schon jetzt komplett beim Finanzamt mit. Allerdings können die Pensionäre noch einen Versorgungsfreibetrag von bis zu 3 000 Euro sowie einen zusätzlichen Freibetrag von maximal 900 Euro bekommen (→ Seite 26).

Die Einkünfte entscheiden

Da jetzt ein höherer Anteil der gesetzlichen Rente steuerpflichtig ist, erreichen mehr Rentner als früher den Grenzwert, der darüber entscheidet, ob sie eine Steuererklärung abgeben müssen.

Wichtig: Pflicht ist die Abgabe der Steuererklärung auf jeden Fall, wenn Sie als Alleinstehender steuerpflichtige Einkünfte über 7 664 Euro im Jahr (für Ehepaare: 15 329 Euro) erzielen.

Für diese Rechnung zählen nicht nur die Einkünfte aus Renten, sondern beispielsweise auch Ihre Kapitaleinkünfte, Einkünfte aus einer selbstständigen Tätigkeit sowie Einkünfte aus Vermietung und Verpachtung.

Wenn Sie auf Lohnsteuerkarte eine Pension oder noch Lohn aus einer nichtselbstständigen Tätigkeit beziehen, müssen Sie fast immer eine Steuererklärung machen. Die Steuererklärung wird Pflicht, sobald Sie in einem Jahr zusätzlich mehr als 410 Euro Rente oder andere Nebeneinkünfte in dieser Höhe erzielen. Dieser Wert dürfte sehr schnell überschritten sein.

Wie hoch sind die Einkünfte?

Ob Sie eine Steuererklärung abgeben müssen oder nicht, können Sie selbst berechnen. Wenn Sie dafür die Höhe Ihrer steuerpflichtigen Einkünfte ermitteln, lassen sich jedoch leider nicht alle Einnahmen in einen Topf werfen, sondern Sie müssen Schritt für Schritt vorgehen und Ihre einzelnen Einnahmen wie Rente, Pension oder Zinsen gesondert betrachten.

Das liegt daran, dass Sie von den jeweiligen Einnahmen neben Werbungskosten noch unterschiedlich hohe Freibeträge abziehen können.

Freibeträge für die Einnahmen im Alter

Persönlicher Freibetrag für die gesetzliche Rente: Renten aus der gesetzlichen Rentenversicherung oder aus einem berufsständischen Versorgungswerk sind nur zu einem bestimmten Teil steuerpflichtig. Das gilt sowohl für die Altersrenten als auch für Erwerbsminderungs- und Hinterbliebenenrenten.

Der steuerfreie Anteil richtet sich nach dem Jahr des Beginns der jeweiligen Rente. Für die Witwen- oder Witwerrente ist allerdings nicht immer das Jahr entscheidend, in dem der Hinterbliebene erstmals die Rente bezieht: Hatte der Verstorbene bereits eine Rente bekommen, zählt für die Rechnungen des Finanzamts das Jahr, in dem diese Rente erstmals bezogen wurde.

Persönlicher Freibetrag für die gesetzliche Rente

Rentenbeginn	Steuerfreier Anteil
Vor 2006	50 Prozent
2006	48 Prozent
2007	46 Prozent
2008	44 Prozent
2009	42 Prozent

Beispiel: Franz Fleischer erhält seit August 2008 jeden Monat 1 200 Euro gesetzliche Altersrente. Davon sind 44 Prozent (528 Euro) steuerfrei. Für die fünf Monate im Jahr 2008 ergibt sich ein Freibetrag von 2 640 Euro. Im Jahr nach Rentenbeginn legt das Finanzamt dann den Freibetrag fest, der bis ans Lebensende gilt. Im Beispielfall ergibt sich der Freibetrag aus 44 Prozent der Jahresrente für 2009. Nach derzeitigem Stand wären dies jedes Jahr 6 336 Euro (44 Prozent von 14 400 Euro). Falls 2009 die Rente erhöht wird, wirkt sich das noch auf den persönlichen Freibetrag aus. Spätere Rentenerhöhungen ändern seine Höhe jedoch nicht mehr.

Altersentlastungsbetrag: Viele Rentner, die neben der Rente Einkünfte aus Vermietung und Verpachtung, aus Kapitalvermögen oder aus einem Nebenjob erzielen, haben Anspruch auf einen Altersentlastungsbetrag. Diesen Freibetrag gibt es auch für Riester-Renten sowie für Betriebsrenten aus Pensionsfonds, Pensionskassen oder Direktversicherungen, wenn sie komplett steuerpflichtig sind. Das sind sie, wenn Lohn und Betriebskapital steuerfrei eingezahlt wurden.

Das Finanzamt zieht den Freibetrag von der Summe aller Nebeneinkünfte ab, wenn der Rentner am Anfang des Jahres, für das er seine Steuererklärung abgibt, mindestens 64 Jahre alt war. Die Höhe des Freibetrags richtet sich danach, in welchem Jahr ein Steuerzahler seinen 64. Geburtstag feiert:

Altersentlastungsbetrag

Geboren vor dem 2. Januar…	Steuerfrei	Höchstbetrag
1941	40,0 Prozent	1 900 Euro
1942	38,4 Prozent	1 824 Euro
1943	36,8 Prozent	1 748 Euro
1944	35,2 Prozent	1 672 Euro
1945	33,6 Prozent	1 596 Euro

Beispiel: Dieter Degenhardt ist im Dezember 2005 64 Jahre alt geworden. In der Steuererklärung für 2008 zieht das Finanzamt für ihn 38,4 Prozent von seinen Nebeneinkünften ab. Von 3 000 Euro wären dann 1152 Euro steuerfrei.

Versorgungsfreibetrag: Versorgungsbezüge wie Beamtenpensionen und Leistungen aus Pensionszusagen und Unterstützungskassen, in die steuerfreie Beiträge eingezahlt wurden, müssen die Empfänger komplett versteuern. Beamtenpensionäre sowie Betriebspensionäre ab dem 63. Lebensjahr können von den Einnahmen einen Versorgungsfreibetrag sowie einen zusätzlichen Freibetrag abziehen. Für Schwerbehinderte ist der Abzug früher möglich.

Die Höhe der Freibeträge richtet sich nach dem Beginn der Zahlung:

Versorgungsfreibetrag

Beginn	Steuerfrei	Maximaler Freibetrag	Zusätzlicher Freibetrag
Vor 2006	40,0 Prozent	3 000 Euro	900 Euro
2006	38,4 Prozent	2 880 Euro	864 Euro
2007	36,8 Prozent	2 760 Euro	828 Euro
2008	35,2 Prozent	2 640 Euro	792 Euro
2009	33,6 Prozent	2 520 Euro	756 Euro

Beispiel: Erika Eberfeld erhält seit 2006 eine Werkspension von 3 000 Euro im Jahr. Davon zieht das Finanzamt 38,4 Prozent (1 152 Euro) als Versorgungsfreibetrag sowie 864 Euro als zusätzlichen Freibetrag ab, sodass von der Pension nur 984 Euro steuerpflichtig sind. Davon werden noch 102 Euro Werbungskosten pauschal abgezogen.

Sparerfreibetrag/Sparerpauschbetrag: Der entscheidende Freibetrag für Sparer und Anleger ist 2008 noch der Sparerfreibetrag, ab 2009 ist es der neue Sparerpauschbetrag.

Für 2007 und 2008 sind Kapitalerträge wie Zinsen und Dividenden bis 750 Euro für Alleinstehende und 1 500 Euro für Ehepaare steuerfrei. Wenn nichts anderes nachgewiesen wird, geht das Finanzamt pauschal von 51 Euro Werbungskosten (102 Euro für Ehepaare) aus. Insgesamt sind somit 801/1 602 Euro steuerfrei.

Dieser Wert gilt auch ab 2009 – dann unter dem Namen Sparerpauschbetrag. Der große Unterschied: Dieser Freibetrag gilt nicht nur für Kapitalerträge wie Zinsen und Dividenden, sondern auch für Gewinne aus Wertpapiergeschäften, sodass er früher ausgeschöpft sein kann. Außerdem sind über den Pauschbetrag alle Werbungskosten abgegolten. Höhere Ausgaben – zum Beispiel für einen Finanzberater oder Depotgebühren – können nicht mehr abgesetzt werden.

Rente ist nicht gleich Rente

Außerdem gilt: Rente ist nicht gleich Rente. Für gesetzliche Leistungen wie Alters-, Hinterbliebenen- oder Erwerbsunfähigkeitsrente gelten andere Steuerregeln als beispielsweise für eine Riester-Rente oder Leistungen privater Versicherer.

So können sehr viele Rentner die Kapitalauszahlung aus einer Kapitallebensversicherung steuerfrei kassieren, wenn Sie den Vertrag vor 2005 abgeschlossen haben. Beziehen Sie aus einer privaten Versicherung hingegen eine regelmäßigen Rente, ist ein Teil davon steuerpflichtig, doch dieser steuerpflichtige Anteil ist deutlich geringer als bei der gesetzlichen Rente. Wenn Sie die private Rente beispielsweise erstmals im Alter von 65 Jahren erhalten, sind davon nur 18 Prozent steuerpflichtig. Wird die Rente erstmals mit 60 ausgezahlt, sind 22 Prozent steuerpflichtig.

Ihre Riester-Rente ist komplett für das Finanzamt interessant. Das heißt, wenn Sie in einem Jahr 2400 Euro als Riester-Rente beziehen, zählt diese Summe komplett für die Berechnung Ihrer steuerpflichtigen Einkünfte mit. Das gilt auch für Betriebsrenten aus Pensionsfonds, Pensionskassen oder Direktversicherungen, in die steuerfrei Lohn und Kapital eingezahlt wurden.

TIPP

Wenn Sie unsicher sind und nicht wissen, ob Sie auch als Rentner weiter mit dem Finanzamt zu tun haben werden, sollten Sie sich Hilfe suchen. Fragen Sie direkt bei ihrem früheren Finanzamt nach oder wenden Sie sich an einen Steuerberater oder Lohnsteuerhilfeverein. Weitere Informationen und eine Schritt-für-Schritt-Anleitung finden Sie im Ratgeber: „Steuererklärung für Rentner" der Stiftung Warentest, der jährlich erscheint.

Rechnung Schritt für Schritt

Das folgende Beispiel zeigt, wie Sie steuerpflichtige Einkünfte berechnen können. Da Ihnen für die einzelnen Einnahmen unterschiedliche Freibeträge zustehen, müssen Sie Schritt für Schritt vorgehen:

Beispiel: Der 70-jährige Armin Ahrend bezieht seit 2003 eine gesetzliche Bruttorente von 1 200 Euro monatlich. Diese Summe ist für die Steuerberechnung interessant, auch wenn ihm nur eine etwas niedrigere Summe ausgezahlt wird: Seine Nettorente, die nach Abzug der Beiträge zur Kranken- und Pflegeversicherung übrig bleibt. Außerdem bezieht er seit seinem 65. Geburtstag aus einer privaten Rentenversicherung 4 000 Euro im Jahr. Für die Renten kann er pauschal einmal 102 Euro Werbungskosten absetzen. Muss er eine Steuererklärung abgeben?

Gesetzliche Rente (12 x 1 200 Euro = 14 400 Euro)	
davon steuerpflichtig (50 %)	7 200 Euro
Private Rentenversicherung (4 000 Euro)	
davon steuerpflichtig (18 %)	+ 720 Euro
minus Werbungskostenpauschale	– 102 Euro
zu versteuernde Renteneinkünfte	**7 818 Euro**

Armin Ahrends Einkünfte übersteigen mit 7 818 Euro knapp den Grenzwert von 7 664 Euro. Er muss daher eine Steuererklärung abgeben. Dass er auch Steuern zahlen muss, ist damit allerdings noch längst nicht gesagt.

Denn für diese Frage ist nicht die Höhe der Einkünfte entscheidend, sondern die Höhe des zu versteuernden Einkommens. Das ist deutlich niedriger, denn von den steuerpflichtigen Einkünften können Rentner noch zahlreiche Posten abziehen wie zum Beispiel ihre Versicherungsbeiträge, Sonderausgaben wie Spenden und gezahlte Kirchensteuer oder auch außergewöhnliche Belastungen – etwa hohe medizinische Ausgaben oder Ausgaben für eine Haushaltshilfe.

Liegt Ihr zu versteuerndes Einkommen nach Abzug all dieser Posten nicht über dem Grundfreibetrag von 7 664 Euro (Ehepaare: 15 329 Euro) im Jahr, müssen Sie keine Steuern zahlen. Armin Ahrend rutscht nach Abzug aller Posten auf jeden Fall unter den Grundfreibetrag. Erst wenn Arbeitnehmer, Rentner oder Studenten mit ihrem zu versteuernden Einkommen diesen Wert überschreiten, werden Steuern fällig. Der Mindeststeuersatz für den Betrag über dem Grundfreibetrag beträgt 15 Prozent.

Die neue Abgeltungsteuer auf Zinsen, Dividenden und Verkaufsgewinne

Rentner mit Kapitalvermögen müssen sich neben den Änderungen durch das Alterseinkünftegesetz auf eine weitere große Steuerreform einstellen. Denn durch die Abgeltungsteuer gelten ab 2009 auch bei der Geldanlage neue Voraussetzungen für den Umgang mit dem Finanzamt.

INFOS: Auf den Seiten 46 bis 100 werden die einzelnen Geldanlageprodukte vorgestellt. Dort finden Sie noch einmal kurz die steuerlichen Details, auf die Sie bei den jeweiligen Angeboten achten sollten.

Was ist die Abgeltungsteuer?

Ab 2009 gilt ein neuer einheitlicher Steuersatz von 25 Prozent für alle Kapitalerträge wie Zinsen und Dividenden sowie für die Gewinne aus Wertpapiergeschäften – zum Beispiel aus dem Verkauf von Investmentfondsanteilen oder Zertifikaten. Zusätzlich fallen Solidaritätszuschlag (5,5 Prozent der zu zahlenden Abgeltungsteuer) und eventuell Kirchensteuer (je nach Bundesland und Konfession 8 oder 9 Prozent der zu zahlenden Abgeltungsteuer) an.

Diese Steuer werden die Banken, bei denen Anleger beispielsweise ihren Banksparplan oder ihr Fondsdepot haben, direkt an das Finanzamt überweisen. Sie fällt an, sobald Kapitalerträge und Verkaufsgewinne über dem gestellten Freistellungsauftrag – maximal 801 Euro im Jahr für Alleinstehende und 1 602 Euro für zusammen veranlagte Ehepaare – erzielt wurden.

Neu ist ab 2009 – und das ist ein Nachteil gegenüber der bisherigen Regelung –, dass auch die Verkaufsgewinne aus Wertpapiergeschäften den Sparerpauschbetrag belasten. Außerdem sind jegliche Werbungskosten mit diesem Freibetrag abgegolten. Wer besonders hohe Ausgaben hat, etwa für den Besuch einer Hauptversammlung oder eine Anlageberatung, kann diese nicht mehr beim Finanzamt abrechnen.

Sie können den kompletten Sparerpauschbetrag bei einer Bank in Anspruch nehmen. Dann müssen Sie einen entsprechenden Freistellungsauftrag in Höhe von 801 Euro (für Ehepaare 1 602 Euro) erteilen. Sie können den Freibetrag aber auch auf mehrere Institute verteilen und jeweils niedrigere Freistellungsaufträge geben.

Wichtig: Wenn Sie am Jahresende feststellen, dass Sie insgesamt zu niedrige Freistellungsaufträge erteilt und den Sparerpauschbetrag nicht ausgeschöpft haben, sollten Sie Ihre Erträge und Gewinne in der Steuererklärung abrechnen. Denn auf diese Weise können Sie sich Abgeltungsteuer, die vielleicht eine oder mehrere Banken zu viel gezahlt haben, zurückholen.

Wie viel kann ich steuerfrei anlegen?

Einen Überblick, wie viel Geld Sie insgesamt anlegen können, ohne den Sparerpauschbetrag zu überschreiten, gibt die Tabelle rechts. Legt ein Alleinstehender 20 000 Euro für ein Jahr beispielsweise auf einem Festgeldkonto an und erzielt dabei einen Zinssatz von 4 Prozent, erreicht er gerade die kritische Grenze, die darüber entscheidet, ob Abgeltungsteuer zu zahlen ist oder nicht. Für ein Ehepaar, das zusammen zur Steuer veranlagt wird, wäre die steuerfrei anzulegende Summe doppelt so hoch.

Wenn ein Alleinstehender 20 000 Euro in Aktienfonds investiert und damit beim Verkauf zum Beispiel einen Kursgewinn von 8 Prozent erzielt, überschreitet er hingegen allein mit diesem Gewinn den Freibetrag und seine Bank wird für die darüber hinaus gehenden Gewinne Abgeltungsteuer an das Finanzamt überweisen.

Wichtig: Lassen Sie sich von der möglichen Steuerbelastung nicht verschrecken. Es wäre fatal, wenn Sie – getrieben vom Wunsch, der Abgeltungsteuer und dem Finanzamt zu entgehen – in Produkte investieren, die schlechte Renditen bringen oder gleich ganz auf die Geldanlage verzichten. Nicht die Steuer sollte entscheidend sein, sondern die Erfolgschance Ihrer Investition.

So viel Vermögen ist steuerfrei

Den Sparerpauschbetrag (801/1 602 Euro) überschreiten Sie nicht, wenn Sie ein Vermögen von ... Euro anlegen und eine Rendite von ... Prozent erzielen.

Rendite (Prozent)	Vermögen Alleinstehende in Euro	Vermögen Ehepaare in Euro
2	40 050	80 100
3	26 700	53 400
4	20 025	40 050
5	16 020	32 040
6	13 350	26 700
7	11 442	22 885
8	10 012	20 025

Gewinner und Verlierer der Reform

Die Abgeltungsteuer bringt Gewinner und Verlierer unter den Anlegern hervor. Gewinner sind insbesondere diejenigen mit einem hohen persönlichen Steuersatz, die sich bei der Geldanlage auf Zinsprodukte wie Bundesschatzbrief oder Banksparplan konzentrieren. Bisher müssen sie ihre Zinsen aus diesen Produkten zu ihrem persönlichen Steuersatz versteuern, künftig fallen maximal 25 Prozent Steuern zuzüglich Solidaritätszuschlag und gegebenenfalls Kirchensteuer an.

Zu den Verlierern zählen hingegen die Anleger, die ihr Geld etwa in einen Aktienfondssparplan einzahlen. Für Gewinne aus Fondsanteilen, die sie *nach 2008* erwerben, fallen auf jeden Fall 25 Prozent Steuern an – ganz gleich, wie lange diese Papiere im Depot gehalten wurden. Bisher ist es so, dass die Gewinne steuerfrei waren, wenn die Papiere mindestens ein Jahr lang gehalten wurden.

Außerdem sind die Dividenden aus Aktien und Fondsanteilen ab 2009 komplett steuerpflichtig – bisher zählen sie für das Finanzamt dank des Halbeinkünfteverfahrens nur zur Hälfte mit.

Wichtig: Bei Investmentfondsanteilen oder einzelnen Wertpapieren, die Sie vor Ende 2008 gekauft haben, profitieren Sie noch von den alten Regeln: Die Kursgewinne bleiben steuerfrei, wenn Sie die Papiere mindestens ein Jahr in Ihrem Depot halten. Dieser Bestandsschutz gilt allerdings nur für die Kursgewinne. Für Zinsen und Dividenden, die diese Papiere ab 2009 abwerfen, wird Abgeltungsteuer fällig. Spezielle Regeln gelten für Zertifikate (→ Seite 98).

Worauf müssen Sie bei der neuen Steuer achten?

Die gute Nachricht zuerst: Die Abgeltungsteuer bedeutet nicht zwangsläufig, dass Sie für Ihre Geldanlagen mehr Abgaben zahlen müssen als bisher. Auch Sie können zu den Gewinnern der Abgeltungsteuer gehören.

Die schlechte Nachricht: Viele von Ihnen werden selbst aktiv werden müssen und sollten weiter ihre Kapitalerträge in der Steuererklärung abrechnen, wenn sie durch die neue Gesetzgebung kein Geld verschenken wollen. Meistens haben sie jedoch auch bisher schon Kapitalertragsteuer gezahlt und eine Steuererklärung abgeben müssen.

Die einfachste Möglichkeit: Eine NV-Bescheinigung

Gelassen können Sie der Abgeltungsteuer entgegen sehen, wenn Sie vom Finanzamt eine Nichtveranlagungsbescheinigung (NV-Bescheinigung) erhalten. Das Finanzamt stellt die Bescheinigung für bis zu drei Jahre aus, wenn das Einkommen eines Rentners voraussichtlich so niedrig sein wird, dass er in dieser Zeit keine Steuern zahlen muss.

Liegt Ihrer Bank eine solche Bescheinigung vor, weiß auch sie, dass Ihr zu versteuerndes Einkommen insgesamt so niedrig ist, dass Sie keinerlei Steuern zahlen müssen. Deshalb werden die Bankmitarbeiter auch keine Abgeltungsteuer an das Finanzamt abführen, wenn Sie Kapitalerträge und Gewinne aus Wertpapiergeschäften über dem Steuerfreibetrag erzielen.

Das Antragsformular für die NV-Bescheinigung bekommen Sie bei Ihrem örtlichen Finanzamt. Sie können es aber auch unter **https://www.formulare-bfinv.de** im Internet herunterladen (Stichworte: Formularcenter, Bürger, Steuern im Inland, Nichtveranlagungsbescheinigung).

Wenn Sie die Bescheinigung haben und sich unerwartet doch etwas an der Höhe Ihrer Einnahmen ändert, müssen Sie das dem Finanzamt mitteilen. Dann prüft es den Anspruch auf eine NV-Bescheinigung erneut.

Mehr Mühe ohne NV-Bescheinigung

Etwas komplizierter wird es für die Rentner, die Zinsen und Gewinne über dem freigestellten Betrag haben und keine NV-Bescheinigung erhalten, weil ihr Einkommen insgesamt zu hoch ist. Für ihre Kapitaleinkünfte wird die Bank pauschal die neue Steuer überweisen. In vielen Fällen sind Anleger nicht dazu verpflichtet, ihre Kapitaleinkünfte dann noch über die Steuererklärung beim Finanzamt abzurechnen.

Aber diese Mühe kann sich in besonderem Maße für Sie lohnen – insbesondere, weil viele Rentner nur einen Grenzsteuersatz unter 25 Prozent haben und weil Sie über die Steuererklärung den Altersentlastungsbetrag für Kapitalein-

Grenzwert für die Abgeltungsteuer

Als Richtwert können Sie sich merken, dass ein Alleinstehender, der ein zu versteuerndes Einkommen von 15 000 Euro (Ehepaare: 30 000 Euro) im Jahr hat, einen Grenzsteuersatz von etwa 25 Prozent hat. Wenn zu diesen 15 000 Euro 1 000 Euro hinzukommen, liegt der Steuersatz für diese letzten 1 000 Euro bei 25,2 Prozent. Der Durchschnittssteuersatz für die insgesamt 16 000 Euro ist mit 11,21 Prozent deutlich niedriger. Bei allen, die weniger als 15 000 Euro Jahreseinkommen (Ehepaare: 30 000 Euro) haben, liegt der Grenzsteuersatz unter 25 Prozent.

künfte in Anspruch nehmen können (➔ Seite 25). Mit diesem Freibetrag können Sie für bis zu 40 Prozent Ihrer Kapitaleinkünfte Steuern sparen, wenn Sie Anfang des Steuerjahres 64 Jahre alt waren.

Viele Rentner haben einen persönlichen Grenzsteuersatz, der unter 25 Prozent liegt. All diejenigen mit einem so niedrigen Steuersatz müssten für Kapitaleinkünfte maximal ihren niedrigen persönlichen Steuersatz zahlen. Trotzdem überweisen die Banken pauschal 25 Prozent für Erträge und Gewinne über dem Sparerpauschbetrag. Diese vorab zu viel gezahlte Steuer können Sie sich nur über die Steuererklärung vom Finanzamt zurückholen. Bis 2008 überwiesen die Banken meist sogar 30 Prozent Zinsabschlagsteuer.

Mit der Steuererklärung viel Geld zurückholen

Welchen Vorteil die Steuererklärung Rentnern mit einem niedrigen Steuersatz bietet, zeigt das folgende Beispiel:

Beispiel: Die 69-jährige Brigitte Becker bezieht seit 2002 eine gesetzliche Rente von 1 500 Euro im Monat. Außerdem hat sie noch eine Privatrente von 6 000 Euro im Jahr, die ihr erstmals mit 63 Jahren ausgezahlt wurde. Aus diversen Banksparplänen und Bundesschatzbriefen kommt sie im Jahr 2009 auf 4 000 Euro Kapitalerträge. Einer Kirche gehört sie nicht an.

Für ihre 4 000 Euro aus Kapitalvermögen wird ihre Bank 2009 zunächst Abgeltungsteuer überweisen:

Zinsen	4 000,00 Euro
minus Sparerpauschbetrag	– 801,00 Euro
Kapitaleinkünfte	= 3 199,00 Euro
darauf zu zahlende Abgeltungsteuer (25 %)	799,75 Euro
mit Solidaritätszuschlag (plus 5,5 % von 799,75 = 43,99)	**843,74 Euro**

Frau Becker könnte es dabei belassen. Dann müsste sie in ihrer Steuererklärung nur noch ihre gesetzliche Rente und ihre private Rente abrechnen. Daraus ergäbe sich dann folgendes Bild, wenn sie für ihre Versicherungsbeiträge 4 000 Euro abrechnet sowie eine Spende von 500 Euro an ein Kinderheim:

Gesetzliche Rente (12 x 1 500 Euro = 18 000 Euro)	
davon steuerpflichtig (50 %)	9 000 Euro
Private Rente ab dem 63. Lebensjahr 6 000 Euro	
davon steuerpflichtig (20 %)	+ 1 200 Euro
minus Werbungskostenpauschale	– 102 Euro
steuerpflichtige Renteneinkünfte	**= 10 098 Euro**
minus Versicherungsbeiträge	– 4 000 Euro
minus Spende	– 500 Euro
zu versteuerndes Einkommen	**= 5 598 Euro**

Das zu versteuernde Einkommen von Frau Becker ist mit 5 598 Euro so gering, dass sie keine weiteren Steuern zahlen muss. Ihre Gesamtsteuerbelastung für 2009 bleibt also bei den knapp 844 Euro Abgeltungsteuer, die die Bank bereits für sie an das Finanzamt überwiesen hatte.

Mit etwas Mühe könnte die Seniorin aber noch deutlich besser dastehen: Wenn sie ihre Kapitalerträge in der Steuererklärung für das Jahr 2009 mit abrechnen würde, bekäme sie sogar ihre bereits gezahlte Abgeltungsteuer in voller Höhe zurück.

An Frau Beckers steuerpflichtigen Renteneinkünften ändert sich durch den zusätzlichen Schritt nichts im Vergleich zur vorherigen Rechnung: Sie bleiben bei 10 098 Euro. Dank des Altersentlastungsbetrags fallen allerdings die steuerpflichtigen Kapitaleinkünfte mit 1 919 Euro deutlich niedriger aus als von der Bank (3 199 Euro) angerechnet:

Zinsen und Verkaufsgewinne	4 000 Euro
minus Sparerpauschbetrag	– 801 Euro
Kapitaleinkünfte	**= 3 199 Euro**
minus Altersentlastungsbetrag (40 %)	– 1 280 Euro
steuerpflichtige Kapitaleinkünfte	**= 1 919 Euro**
plus steuerpflichtige Renteneinkünfte	+ 10 098 Euro
Gesamteinkünfte	**= 12 017 Euro**
minus Versicherungsbeiträge	– 4 000 Euro
minus Spende	– 500 Euro
zu versteuerndes Einkommen	**= 7 517 Euro**
zu zahlende Steuer	**0 Euro**

Da das zu versteuernde Einkommen mit Kapitaleinkünften unter 7 664 Euro im Jahr bleibt, muss Berta Becker für 2009 keinerlei Steuern zahlen. Ihre Bank hatte trotzdem für sie 843,74 Euro an das Finanzamt überwiesen. Das Geld bekommt sie zurück, wenn sie die Kapitaleinkünfte in der Steuererklärung abrechnet. Täte sie dies nicht, würde sie knapp 844 Euro mal eben so verschenken. Diese Rechnung zeigt: Die zusätzliche Mühe mit der Steuererklärung lohnt sich bei einem niedrigen Steuersatz auf jeden Fall.

Wichtig: Der Altersentlastungsbetrag sorgt sogar dafür, dass auch die Rentner, die ein höheres Einkommen und damit einen Grenzsteuersatz über 25 Prozent haben, gut prüfen sollten, ob die Pauschalbesteuerung durch die Bank tatsächlich für sie am günstigsten ist, oder ob nicht auch sie besser ihre Kapitaleinkünfte weiter eigenhändig beim Finanzamt abrechnen sollten.

Viele Gründe für eine Steuererklärung

Es gibt viele andere Gründe, warum es sich auch in Zeiten der Abgeltungsteuer für Sie lohnen kann, Ihre Kapitalerträge und Verkaufsgewinne in der Steuererklärung abzurechnen – zum Beispiel wenn Sie Verluste bei einer Bank mit Gewinnen bei einer anderen Bank verrechnen wollen (➔ Kasten rechts) oder zu niedrige Freistellungsaufträge erteilt haben.

Unter bestimmten Voraussetzungen ist es sogar Pflicht, Ihre Kapitaleinkünfte trotz Abgeltungsteuer in der Steuererklärung abzurechnen. Das ist unter anderem der Fall, wenn Sie Kapitaleinkünftc im Ausland erzielen – zum Beispiel durch ein Tagesgeldkonto bei einer Bank in den Niederlanden. Für die dort erwirtschafteten Zinsen zahlen Sie zwar ebenfalls maximal 25 Prozent Steuern. Doch Sie müssen sie beim Finanzamt abrechnen.

Verluste verrechnen

Wenn Sie mit Ihrer Geldanlage Verluste erzielen, weil Sie zum Beispiel für Ihre Aktienfondsanteile weniger Geld zurückbekommen als Sie bezahlt haben, gilt ab 2009 Folgendes: Kursverluste können Sie mit Kursgewinnen und Kapitalerträgen verrechnen – ganz gleich, ob sie durch den Verkauf von Fondsanteilen, Anleihen oder Zertifikaten entstanden sind. Nur bei Verlusten aus Aktienverkäufen gibt es eine Beschränkung: Diese Verluste dürfen nur durch Gewinne aus Aktien ausgeglichen werden. Kursverluste aus früheren Jahren dürfen Sie noch bis ins Jahr 2013 mit Veräußerungsgewinnen verrechnen, nicht jedoch mit Zinsen oder Dividenden.

Aufpassen mit der Kirchensteuer

Wenn Sie Kirchenmitglied sind, fällt für Ihre Kapitaleinkünfte neben der Abgeltungsteuer und dem Solidaritätszuschlag Kirchensteuer an. Es gibt zwei Möglichkeiten, diese abzuführen. Eine davon ist: Sie beantragen schriftlich bei Ihrer Bank, dass diese die Kirchensteuer einbehält. Die Bank wird dann für Sie die Kirchensteuer an das Finanzamt überweisen. Wenn Sie Ihre Konfession nicht bekannt geben wollen, müssen Sie dies über die Steuererklärung nachholen.

Keine Geheimnisse mehr mit neuer Steuernummer

Auf jeden Bundesbürger kommt eine weitere Neuerung zu: Jeder hat eine neue Steueridentifikationsnummer erhalten oder soll sie in naher Zukunft zugesandt bekommen. Mit dieser Nummer ist es für die Finanzbehörden einfacher, all Ihre Einnahmen aus gesetzlicher und privater Rente, aus Pensionen und aus Kapitalvermögen zusammenzuführen. Banken, Versicherer und Rententräger melden die Daten der Zentralen Zulagenstelle für Altersvermögen (ZfA) in Brandenburg.

Durch die neue Steuernummer bekommen die Finanzämter die Möglichkeit, diese Daten vollautomatisch und entsprechend schnell abzugleichen. Dabei kann es passieren, dass das Finanzamt herausfindet, dass Sie eine Steuererklärung hätten abgeben müssen, Sie dies aber verpasst haben.

Eine Anzeige wegen Steuerhinterziehung müssen Rentner dann aber meist nicht fürchten – in der Mehrzahl der Fälle gesteht ihnen das Finanzamt zu, dass sie aufgrund der wiederholten Steueränderungen nicht wussten, dass die Jahresabrechnung Pflicht ist. Wenn Steuernachzahlungen verlangt werden, müssen sie diese allerdings leisten. Dazu kommen Verzugszinsen.

INFOS: Adressen von Steuerberatern und Lohnsteuerhilfevereinen finden Sie im Branchen- oder Telefonbuch. Einen Suchservice im Internet bieten die Bundessteuerberaterkammer (www.bstbk.de) und der deutsche Steuerberaterverband (www.dstv.de/such service). Verbände von Lohnsteuerhilfevereinen nennen unter www.nvl.de und www.bdl-online.de Adressen von Beratungsstellen.

Nicht alles allein machen

Gerade in so einer Situation heißt es, Ruhe zu bewahren. Wichtig ist, dass alle Fragen des Finanzamts umgehend und ausführlich beantwortet werden. Sinnvoll ist es dabei, wenn Sie sich Rat von einem Steuerexperten holen – entweder beim Steuerberater oder in einem Lohnsteuerhilfeverein.

Aber auch für die einfache Steuererklärung als Rentner gilt, dass Sie die Arbeit nicht unbedingt allein machen müssen: Wenn Sie sich Hilfe von einem Experten holen, müssen Sie dafür zwar bezahlen. Doch die Investition rentiert sich, wenn Sie mit fachlicher Hilfe zu viel gezahlte Steuer vom Finanzamt zurückholen können.

Im Ruhestand weiter Vermögen aufbauen und davon leben

Was dabei wichtig ist

Die Vorbereitungen sind getroffen: Sie wissen, wie viel Geld Sie anlegen können und wollen. Sie haben sich einen Überblick verschafft, welche Anlagen Sie bereits haben. Und Sie wissen, was Sie durch weitere Geldanlage erreichen wollen oder müssen.

Auf dieser Basis können Sie nun Ihre Finanzplanung aufbauen, um Ihr vorhandenes Vermögen zu nutzen oder mehr daraus zu machen.

Persönliche Faktoren: Bequemlichkeit und Risikobereitschaft

Für die Wahl einzelner Produkte sind neben Ihren finanziellen Möglichkeiten persönliche Aspekte wie Alter und familiäre Situation von Bedeutung. Hinzu kommen zwei weitere Faktoren: Ihre Bereitschaft, Zeit und Mühe in die Geldanlage zu investieren, sowie die Bereitschaft, bei der Geldanlage Risiken einzugehen.

Bequemlichkeit: Die Frage, wie viel Mühe jemand selbst investieren muss, wenn er sein Geld in diesem oder jenem Produkt anlegt, ist für zahlreiche Anleger ein entscheidendes Auswahlkriterium. Denn je nach persönlicher Neigung und den eigenen Fähigkeiten kann das Interesse sehr groß oder eben sehr gering sein, die Finanzmärkte zu beobachten, um beispielsweise selbst den richtigen Zeitpunkt für Kauf oder Verkauf von Fondsanteilen zu finden.

Der Faktor Bequemlichkeit steht in enger Beziehung zu den drei Kriterien des magischen Dreiecks der Geldanlage (→ Grafik, Seite 12): Eine private Rentenversicherung mit Sofortrente zum Beispiel erfordert vergleichsweise wenig Mühe: Wer sein Geld eingezahlt hat, muss sich um nichts mehr kümmern. Er muss nicht immer wieder mal kontrollieren, wie es um die Rendite bestellt ist. Weitere Mühe bringt bei der Versicherung keinen Vorteil. Das ist beispielsweise bei einem Fondsinvestment anders.

Diese Bequemlichkeit hat allerdings ihren Preis: Die in die Rentenversicherung eingezahlte Summe ist gebunden, und der Versicherte kommt in der Regel nicht vorab an sein Geld heran. Das Geld ist zwar sicher angelegt, doch der Kunde muss im Vergleich zu anderen Produkten Abstriche bei der Rendite hinnehmen.

Risikobereitschaft: Wie viel Risiko ist jemand bereit, bei seiner Geldanlage einzugehen? Selbst wenn das finanzielle Polster für etwas riskantere Anlageprodukte vorhanden ist, bleibt es eine Frage der eigenen Persönlichkeit, ob ein Anleger tatsächlich den Mut hat, etwas zu riskieren oder ob er auf Kosten von Renditechancen auf jeden Fall einen sicheren Weg einschlagen will.

Wichtig: Legen Sie Ihr Geld so an, dass Sie noch gut schlafen können. Wir können in diesem Ratgeber nur sagen, welches Risiko Sie unter den jeweiligen finanziellen Rahmenbedingungen eingehen könnten und wovon Sie lieber die Finger lassen sollten. Unabhängig davon, ob Sie sich mögliche Verluste finanziell leisten könnten, müssen Sie aber selbst entscheiden, ob Sie ein gewisses Risiko bei der Geldanlage auch nervlich verkraften können.

Verschiedene Anlagemöglichkeiten

Die Tabelle auf den Seiten 42/43 gibt Ihnen einen Überblick über die gängigen Anlagemöglichkeiten. Sie finden dort neben Produkten zum Vermögensaufbau auch solche zum „Entsparen", also Antworten auf die Frage, wie Sie das Ersparte verbrauchen und von den Erträgen leben können.

Die von Versicherern, Banken und Fondsgesellschaften angebotenen Anlageprodukte lassen sich grob in drei Gruppen unterteilen:

- Produkte, die helfen, eine Versorgungslücke aus der gesetzlichen Altersrente auf Dauer zu schließen, sodass bis ans Lebensende genügend regelmäßige Einnahmen vorhanden sind, um die wiederkehrenden Ausgaben zu bewältigen: Hier ist insbesondere die private Rentenversicherung mit einer Sofortrente zu nennen. Eine Alternative ist ein Bank-Aus-

Die einzelnen Anlageprodukte mit ihren Vor- und Nachteilen

Anlageform	Ertragschance	Verlustrisiko	Flexibilität	Anlagehorizont	Eignung / Besonderheiten des Produkts
Produkte, um im Ruhestand weiter Vermögen aufzubauen					
Tagesgeld	Mäßig	Kein Risiko	Sehr hoch	Kurzfristig	Geeignet als sichere, bequeme Basisanlage, um flexibel größere Summen zu sparen; wichtig als finanzielle Notfall-Reserve.
Tagesanleihe	Mäßig	Kein Risiko	Sehr hoch	Kurzfristig	Bundeswertpapier, geeignet als sichere, bequeme Basisanlage, um flexibel größere Summen zu sparen.
Festgeld	Mäßig	Kein Risiko	Hoch bis mittel, abhängig von der Laufzeit	Kurzfristig, in der Regel mit Laufzeiten bis ein Jahr	Geeignet als sichere, bequeme Basisanlage für Sparer, die eine größere Summe kurzfristig anlegen wollen.
Einmalanlagen mit Festzins	Mäßig bis mittel	Kein Risiko	Mittel bis gering, abhängig von der Laufzeit	Mittel- bis langfristig, Laufzeit ein bis zehn Jahre	Geeignet als sichere Basisanlage für Sparer, die mittelfristig anlegen wollen; bei Abschluss auf Laufzeit achten.
Banksparplan	Mäßig	Kein Risiko	Abhängig vom Produkt	Mittelfristig	Geeignet für Sparer mit festem Sparziel und für alle, die bequem regelmäßig sparen wollen.
Bundesschatzbrief	Mäßig bis mittel	Kein Risiko	Hoch nach einjähriger Sperrfrist	Mittelfristig, mit vorzeitiger Verfügbarkeit	Geeignet als sichere, bequeme Basisanlage - sowohl für Einmalanleger als auch für Ratensparer.
Bundesanleihen	Mäßig	Geringes Kursrisiko	Hoch; Ausstieg jederzeit möglich	Mittel- bis langfristig	Geeignet als sichere, bequeme Basisanlage, für Sparer, die größere Summen auf Dauer anlegen wollen.
Unternehmensanleihen	Mittel bis hoch	Mittel bis hoch, je nach Emittent	Hoch; Ausstieg jederzeit möglich	Mittelfristig	Geeignet nur als ergänzende Anlage, gesicherte finanzielle Basis muss vorhanden sein, damit der Haushalt mögliche Verluste verkraften kann; Bewertung der Kreditwürdigkeit der Herausgeber unbedingt beachten.
Aktien	Hoch	Hoch, da Kursschwankungen möglich	Hoch	Langfristig	Geeignet nur als ergänzende Anlage; gesicherte finanzielle Basis muss vorhanden sein, damit der Haushalt mögliche Verluste verkraften kann.

Fortsetzung von Seite 42

Anlageform	Ertrags-chance	Verlustrisiko	Flexibilität	Anlage-horizont	Eignung / Besonderheiten des Produkts
Produkte, um im Ruhestand weiter Vermögen aufzubauen					
Aktienfonds	Hoch	Hoch, da Kurs-schwankungen möglich	Hoch; Ausstieg jederzeit möglich, aber Börsensitua-tion beachten	Langfristig	Geeignet als ergänzende Anlage, wenn die finanzielle Basis gesichert ist und mögliche Verluste kein Problem für die Alltags-ausgaben sind.
Rentenfonds	Mittel	Mittel bis gering, abhängig von der Anla-gedauer	Hoch, Ausstieg jederzeit möglich, aber Zinssituation beachten	Mittelfristig	Geeignet als ergänzende Anlage mit höheren Renditechancen, aber auch mit mehr Risiko als bei Sparbriefen oder anderen Einmalanlagen.
Mischfonds	Mittel	Mittel bis gering, ab-hängig von der Anlagedauer	Hoch, Ausstieg jederzeit möglich, aber Kurssituation beachten	Mittel- bis langfristig (je nach Aktienanteil)	Geeignet als ergänzende Anlage, Verlustri-siko vorhanden, aber geringer als bei reinen Aktienfonds; dennoch nur kaufen, wenn Verluste die sichere Finanzbasis des Haushalts nicht gefährden.
Zertifikate	Mittel bis hoch	Mittel bis hoch	Hoch; Ausstieg jederzeit möglich, aber Börsensitua-tion beachten	Kurz- bis mittelfristig	Wenige Produkte geeignet, und dann nur als ergänzende Anlage, wenn die finan-zielle Basis gesichert ist und mögliche Verluste kein Problem für Alltagsausgaben sind.
Produkte zum Entsparen, um im Ruhestand von dem Geld zu leben					
Private Rentenver-sicherung	Mittel	Kein Risiko	Keine	Langfristige Anlage, bis ans Lebens-ende	Geeignet, um sich eine sichere Zusatzren-te zu schaffen; notwendig, wenn regelmä-ßige Einnahmen nicht für Lebensunterhalt reichen.
Bank-auszahlplan	Mittel	Kein Risiko	Keine bis gering	Mittelfristig	Geeignet für bequeme Sparer, die sich für einen bestimmten Zeitraum eine sichere Zusatzeinnahme schaffen wollen.
Fondsent-nahmeplan mit Rentenfonds	Mittel	Mittel, Kurs-schwankungen möglich	Hoch	Mittel- bis langfristig	Geeignet für Anleger mit ausreichender finanzieller Basis.

zahlplan. Je nach Alter und Familiensituation des Anlegers kommen womöglich auch noch geförderte Altersvorsorgeprodukte wie eine Riester-Rente oder ein Rürup-Vertrag (→ Seite 125) infrage.

- Produkte, die geeignet sind, um ein sicheres finanzielles Polster zu schaffen, zu vergrößern oder um für einen bestimmten Zeitraum davon zu leben: Hierzu zählen in erster Linie die Sparangebote von Banken und vom Bund. Wenn Sie hier Ihr Geld investieren, gehen Sie kein Risiko ein, müssen aber im Vergleich zu riskanteren Produkten Abstriche bei den Renditechancen in Kauf nehmen.
- Produkte, in die Sie investieren können, wenn mögliche Verluste Ihre sichere finanzielle Basis nicht gefährden. Ist die sichere Basis vorhanden, bieten sie die Möglichkeit, deutlich höhere Renditen herauszuholen als mit Sparprodukten von Banken und vom Bund. Hierzu zählen Fondsinvestments, bestimmte Formen von Anleihen und auch Zertifikate.

So viel bringen 100 000 Euro für ... Jahre

Je höher der Zins und je kürzer die Laufzeit, desto mehr Geld kann ein Anleger monatlich entnehmen.

Jahre	Monatlich zur Verfügung stehende Rate (Euro) bei einem Zins (Prozent) von					
	0	**2,5**	**3,0**	**3,5**	**4,0**	**4,5**
5	1667	1773	1795	1817	1838	1860
10	833	941	964	986	1009	1032
15	556	665	689	712	736	760
20	417	529	553	577	602	628
25	333	447	472	498	524	**551**
30	278	394	419	446	473	501
35	238	356	383	410	438	468
40	208	328	356	384	414	444
ewig	–	206	247	287	327	**367**

Von dem Vermögen leben

Je nachdem, welche Produkte Sie wählen, haben Sie die große Chance, mehr aus Ihrem vorhandenen Vermögen zu machen und immense monatliche Zusatzrenten zu erzielen.

Ein Beispiel: Angenommen, Sie investieren 100 000 Euro in einen Aktienfonds-Entnahmeplan (→ Seite 79). Das Papier läuft auf Dauer so gut, dass es eine jährliche Durchschnittsrendite von 7 Prozent abwirft. Dann können Sie monatlich eine Rente von 565 Euro entnehmen, ohne dass Ihr Vermögen jemals aufgebraucht ist (→ Tabelle unten).

Mit anderen Produkten wie beispielsweise einem Auszahlplan der Bank (→ Seite 68) ist das in dieser Größenordnung nicht möglich: Nehmen wir an, die Rendite liegt bei 4,5 Prozent, dann reichen die 100 000 Euro bis zu 25 Jahre lang für eine Zusatzrente von 551 Euro. Danach wäre alles weg. Wenn die Auszahlung theoretisch ewig laufen sollte, dürften aber immerhin monatlich 367 Euro entnommen werden.

5,0	**5,5**	**6,0**	**7,0**	**8,0**	**9,0**	**10,0**
1 882	1 904	1 926	1 970	2 014	2 059	2 104
1 055	1 079	1 102	1 150	1 199	1 248	1 298
785	810	835	887	940	993	1 048
654	680	707	762	819	877	937
578	606	635	693	753	815	878
530	559	589	651	714	779	846
498	528	560	624	690	758	827
475	507	539	606	674	744	815
407	447	487	**565**	643	721	797

Das sind erst einmal nur Rechenbeispiele, die Ihnen einen Anhaltspunkt geben, was mit Ihrem Vermögen möglich ist.

Die Renditeunterschiede der Anlageprodukte sind zum Teil enorm. Doch das darf bei der Entscheidung für die eine oder andere Anlagevariante nicht das alleinige Kriterium sein. Denn sowohl bei den Möglichkeiten des Ansparens als auch beim Entsparen stecken Kriterien wie der finanzielle Spielraum und die persönliche Risikobereitschaft die Rahmenbedingungen für Ihre Geldanlage ab.

Private Rentenversicherung: Sicher bis zum Lebensende

Ein typisches Beispiel für ein Produkt, mit dem Sie Ihr Vermögen zu Lebzeiten verbrauchen, ist die private Rentenversicherung mit Sofortrente. Der Vorteil: Sie haben die Gewissheit, dass Sie auf jeden Fall bis an Ihr Lebensende eine Rente beziehen – unabhängig davon, ob Sie 80 oder 100 Jahre alt werden. Insbesondere wenn Sie sehr alt werden, haben Sie die Chance, mehr Geld von der Versicherung ausgezahlt zu bekommen als Sie eingezahlt haben.

Steht zum Beginn des Ruhestands fest, dass die regelmäßigen Einnahmen aus gesetzlicher Rente, Riester-Vertrag oder Nebenjob nicht ausreichen, um die stets anfallenden Ausgaben wie für Miete, Lebensmittel, Kleidung und andere laufende Kosten zu decken, gibt es zu diesem Zeitpunkt kaum eine Alternative, um diese Versorgungslücke zu schließen, als vorhandenes Geld in eine Sofortrente zu investieren.

Versicherung in zwei Varianten

Die Sicherheit einer lebenslangen Rente bieten Versicherungsgesellschaften in Form von zwei Varianten an: Entweder, Sie zahlen schon während des Erwerbslebens in eine klassische ansparende Rentenversicherung ein. In einen solchen Vertrag zahlen Sie – manchmal sogar über Jahrzehnte hinweg – ein, um dann im Alter regelmäßige Leistungen des Versicherers beziehen zu können. Für diese Variante ist es bei Rentenbeginn zu spät, doch es gibt eine Alternative in Form der Sofortrente: Mit einer größeren Einzahlung zu Rentenbeginn erwerben Sie den Anspruch auf regelmäßige Auszahlungen. Ein Mann, der beispielsweise mit 65 Jahren 100 000 Euro in eine private Sofortrente investiert, kann je nach Anbieter und vereinbarten Zusatzleistungen zu Beginn eine garantierte monatliche Rente von rund 440 Euro bekommen. Die Auszahlungen für Frauen sind wegen der höheren Lebenserwartung niedriger. Wenn der Versicherer erfolgreich wirtschaftet, sind durch Überschüsse höhere Auszahlungen möglich.

Produkt mit mehreren Nachteilen

Doch beachten Sie: Die Sicherheit einer Versicherungspolice hat auch ihren Preis. Wer sein Vermögen in eine private Rentenversicherung investiert, muss sehr alt werden, um mehr aus der Versicherung herauszubekommen als er eingezahlt hat. Das ist insbesondere für diejenigen ungünstig, die mit gesundheitlichen Problemen zu kämpfen haben. Für sie wären andere sichere Geldanlagen, an die sie im Notfall auch herankommen, womöglich rentabler.

Wichtig: Auch für kerngesunde Anleger gilt: Wenn Sie als Ergänzung Ihrer regelmäßigen Einnahmen eine Sofortrente abschließen, sollten Sie die Einzahlung nur so hoch wählen, dass Sie mit den Rentenzahlungen Ihre monatliche Finanzlücke schließen können. An das eingezahlte Geld kommen Sie nicht mehr heran, wenn es einmal in den Versicherungsvertrag geflossen ist.

Sollte Ihnen weiteres freies Vermögen zur Verfügung stehen, wählen Sie dafür andere Anlagen, auf die Sie flexibel zugreifen können, wenn Sie kurzfristig eine größere Geldsumme benötigen. Bleibt etwas übrig, können auch Ihre Nachkommen davon profitieren.

Das ist bei der Rentenversicherung anders: Über einen solchen Vertrag ist insbesondere der Versicherte selbst geschützt. Stirbt er, gehen seine Angehörigen leer aus. Es sei denn, es wurde ein Hinterbliebenenschutz vereinbart. Solche Zusatzleistungen sind aber nicht ganz billig und schmälern die regelmäßigen Rentenzahlungen des Versicherers.

Wie funktioniert die Sofortrente aus der privaten Rentenversicherung?

Wenn Sie zu Ruhestandsbeginn in eine private Rentenversicherung einzahlen, können Sie aus der Einzahlung kurz darauf eine regelmäßige Rente beziehen.

Sicher ist Ihnen als Kunde nur ein Teil der Auszahlung – die garantierte Rente. Der Garantiezins beträgt für Verträge, die seit Anfang 2007 abgeschlossen wurden oder noch werden, nur noch 2,25 Prozent. Diesen Zins zahlen die Versicherer allerdings nicht auf die gesamte eingezahlte Summe, sondern nur auf den Teil, der nach Abzug der Ausgaben der Versicherer wie Verwaltungsgebühren oder Abschluss-Provisionen übrig bleibt. Deshalb fällt die garantierte monatliche Rente, die die Versicherer ausbezahlen, trotz der einheitlichen 2,25 Prozent unterschiedlich hoch aus – je nachdem wie viel die Anbieter für ihre Spesen abziehen.

Von erfolgreichen Versicherern profitieren

Sie können allerdings insgesamt mehr Rendite aus dem Versicherungsvertrag erzielen, denn die Versicherer müssen ihre Kunden an den Überschüssen beteiligen, die sie erwirtschaften. Agiert eine Versicherungsgesellschaft erfolgreich am Kapitalmarkt, stehen die Chancen der Kunden auf hohe Überschüsse gut.

Wichtig: Vergleichen Sie die Angebote anhand der garantierten Rente, und nicht anhand der insgesamt möglichen Rente, wenn Sie eine private Rentenversicherung mit Sofortrente abschließen wollen. Die nicht garantierten Überschussbeteiligungen, die die Versicherer Ihnen vorab nennen, basieren auf Schätzungen, auf die Sie sich nicht unbedingt verlassen können.

Berechnungen der Stiftung Warentest haben ergeben, dass der Versicherte bei guten Angeboten mindestens 21 Jahre lang die garantierte private Rente beziehen muss, um sein eingezahltes Kapital komplett wieder herauszubekommen. Bei Frauen sind es sogar 22 Jahre, da die Versicherer bei ihnen eine längere Lebenserwartung voraussetzen und deshalb eine geringere Rente zahlen. Erwirtschaftet der Versicherer gute Überschüsse, bekommt der Versicherte schon mehrere Jahre früher sein Kapital komplett wieder heraus. Sobald dieser Zeitpunkt erreicht ist, macht er Gewinn.

INFOS: Eine lukrativere Alternative zu einer privaten Rentenversicherung kann ein Rürup-Vertrag sein – und zwar dann, wenn Sie oder Ihr Partner noch kurz vor dem Ruhestand stehen. Mehr dazu ab Seite 124.

Den Vertrag gestalten

Wenn Sie bei einem Versicherer eine Sofortrente abschließen wollen, verlangt dieser meist eine Mindestanlage, die zum Beispiel so hoch sein muss, dass sie für eine monatliche Rente von 25 Euro ausreicht.

Die Höhe der Leistung hängt auch davon ab, für welche Form der Überschussbeteiligung sich der Kunde entscheidet. Möglich sind konstante Rentenzahlungen oder eine volldynamische Auszahlungsform.

Bei der volldynamischen Auszahlungsvariante haben die Kunden die Gewissheit, dass die ausgezahlte Rente nie sinkt. Zwar ist die Rente zu Beginn niedriger als bei einer konstanten Auszahlungsform, doch sie steigt im Laufe der Zeit an. Kürzt der Versicherer die Überschussbeteiligung, wird die Rentenerhöhung reduziert oder fällt ganz weg. Sicher ist Ihnen aber die bis dato erreichte Rentenhöhe. Mit ihr können Sie also auf jeden Fall kalkulieren.

Das ist bei einem Angebot mit konstanter Auszahlung anders: Sollte der Versicherer schlecht wirtschaften und die Überschussbeteiligung herabsetzen, droht Ihnen sogar eine Rentenkürzung.

Wichtig: Lassen Sie sich nicht von der Aussicht blenden, dass die zu Beginn ausgezahlte Rente bei der konstanten Überschussbeteiligung vergleichsweise hoch ist. Wählen Sie lieber die volldynamische Variante anstatt der konstanten Auszahlung.

Schutz der Angehörigen

Sollen Ihre Angehörigen nach Ihrem Tod weiter von der privaten Rentenversicherung profitieren, können Sie das mit dem Versicherer vereinbaren. Solche Leistungen kosten jedoch extra und reduzieren Ihren Rentenanspruch.

Es ist zum Beispiel nicht sinnvoll, für die Phase der Rentenzahlung eine Beitragsrückgewähr zu vereinbaren: Wenn der Versicherte stirbt, zahlt der Versicherer dann zwar eingezahlte Beiträge an die Angehörigen des Versicherten zurück, doch diese Sicherheit hat ihren Preis, sodass der Kunde einen beträchtlichen Teil seines Alterseinkommens verliert.

Günstiger ist es, mit dem Versicherer eine Rentengarantiezeit zu vereinbaren. Dann zahlt der Versicherer nach dem Tod seines Kunden die Rente noch bis zum Ablauf eines vorher bestimmten Zeitraums an die Erben weiter. Beträgt die Rentengarantie zum Beispiel zehn Jahre und stirbt der Versicherte drei Jahre nach Rentenbeginn, so wird die Rente noch sieben Jahre an seine Angehörigen ausbezahlt. Dieser Vorteil für die Angehörigen schmälert die Rentenleistung im Gegensatz zur Beitragsrückgewähr kaum.

Eine Police für beide Partner

Für Ehe- oder Lebenspartner gibt es eine andere Möglichkeit, von der Versicherung weiter zu profitieren, wenn einer von beiden stirbt: Sie können eine Partnerpolice abschließen. Mit dieser endet die Rentenzahlung erst nach dem Tod des zweiten Partners. Allerdings bringt eine solche Partnerpolice weniger Rente als zwei entsprechende Einzelverträge. Dafür bleibt die Rentenzahlung nach dem Tod des ersten Partners so hoch wie zuvor.

Wichtig: Die private Rentenversicherung für Frauen ist ein wenig teurer als für Männer. Dennoch sollten Sie sicherstellen, dass beide Partner abgesichert sind und beim Tod des anderen genug Einnahmen zur Verfügung haben. Prüfen Sie deshalb nicht nur, wie hoch Ihre Versorgungslücke jetzt ist, sondern auch, wie hoch sie jeweils beim Tod eines Partners wäre (➔ Seite 123).

Wo gibt es private Rentenversicherungen?

Das Angebot der Versicherer ist groß – umso wichtiger ist es, dass Sie sich vor Vertragsabschluss einen Überblick über die verschiedenen Angebote verschaffen. Die meisten Versicherungsverträge werden über haupt- oder nebenberufliche Vertreter verkauft:

- **Einfirmenvertreter** vermitteln ausschließlich Produkte einer einzigen Versicherungsgesellschaft. Das Angebot ist bei ihnen also eher begrenzt.
- Vielseitiger ist es bei **Mehrfachagenten**, die mehrere Versicherer im Programm haben. Als Kunde stehen Ihnen hier Produkte verschiedener Anbieter zur Auswahl. Wie Einfirmenvertreter sind die Mehrfachagenten aber im Auftrag des Versicherers und nicht im Auftrag des Kunden tätig.
- Unabhängige **Versicherungsmakler** arbeiten hingegen stets mit vielen Gesellschaften zusammen und vermitteln im Auftrag des Kunden eine günstige Police. Wenn die Makler bei der Beratung Fehler machen, haften sie dafür. Für den Kunden bedeutet das eine zusätzliche Sicherheit.
- Nur bei den rund 50 gerichtlich zugelassenen unabhängigen **Versicherungsberatern** finden Interessenten eine deutliche Trennung von Beratung und Verkauf. Sie beraten ihre Kunden ausschließlich und vermitteln keine Policen. Das bedeutet: Die Berater leben anders als die Vermittler nicht von der Provision, die sie vom Versicherer für einen unterschriebenen Vertrag erhalten, sondern vom Beratungshonorar des Kunden.

INFOS: Weitere Informationen und Unterstützung beim Abschluss von Versicherungsverträgen bieten auch die Verbraucherzentralen in telefonischer oder persönlicher Beratung an. Zusätzliche Informationen finden Sie unter www.verbraucherzentrale.de und www.versicherungsberater.de.

Steuercheck: Private Rentenversicherung

Die private Rentenversicherung bleibt bei der Abgeltungsteuer außen vor. Vorteil einer Rente aus einem solchen Vertrag ist, dass sie nur zu einem vergleichsweise geringen Anteil steuerpflichtig ist – dem sogenannten Ertragsanteil: Wenn Ihnen eine Privatrente erstmals im Alter von 65 Jahren ausgezahlt wird, sind nur 18 Prozent der Rentenzahlung steuerpflichtig. Wird die Rente hingegen im Alter von 61 Jahren erstmals ausgezahlt, sind 22 Prozent davon steuerpflichtig. im Alter von 69 Jahren wären es nur noch 15 Prozent.

Für die Besteuerung macht es keinen Unterschied, ob Sie die Rente aus einer einmaligen Kapitaleinzahlung kurz vor dem Ruhestand beziehen oder ob sie aus einer klassischen ansparenden Rentenversicherung stammt.

Sicher anlegen: Sparen ohne Risiko

Auch wenn im Rentenalter sichere Zusatzeinnahmen von besonderer Bedeutung sind, sollten Sie nicht Ihr gesamtes Vermögen in eine private Rentenversicherung stecken, denn an dieses Geld können Sie im Ernstfall nicht vorzeitig heran. Für eine sichere, aber gleichzeitig deutlich flexiblere Geldanlage eignen sich die festverzinslichen Sparangebote der Banken und des Bundes. Dazu zählen zum Beispiel Festgeldkonten, Sparbriefe oder Bundesschatzbriefe.

Mit diesen Anlagen können Sie Ihre regelmäßigen Einnahmen risikofrei ergänzen und gleichzeitig ohne großen eigenen Aufwand vom Zinseszins profitieren. Die Sicherheit hat aber auch hier den Nachteil, dass die Renditen in der Regel nur mäßig sind und hinter den Erträgen riskanterer Anlagen zurückbleiben können.

INFOS: Mehr Informationen zur Einlagensicherung finden Sie unter anderem beim Bundesverband Deutscher Banken (www.bankenverband.de), beim Deutschen Sparkassen- und Giroverband (www.dsgv.de) sowie beim Bundesverband der Deutschen Volksbanken und Raiffeisenbanken (www.bvr.de).

Wie sicher ist das Geld tatsächlich?

Durch die Finanzkrise im Jahr 2008 machen sich viele vermehrt Sorgen: Ist das Geld, das ich vermeintlich sicher bei einer Bank angelegt habe, auch tatsächlich sicher? Was passiert mit meinem Tagesgeld oder meinem Sparbrief, falls die Bank insolvent wird?

In so einer Situation greifen verschiedene Sicherungssysteme, die dafür sorgen, dass Ihnen bis auf wenige Ausnahmen selbst bei einer Pleite Ihrer Bank keine Verluste drohen.

Für Kunden einer Privatbank ist die gesetzliche Einlagensicherung die erste Sicherungsstufe: Danach sind die Einlagen von Kunden einer Bank mit Sitz in Deutschland bei Insolvenz des Instituts zu 90 Prozent gesichert – maximal 20 000 Euro. Es ist geplant, diese Sicherung auf 50 000 Euro zu erhöhen.

Einige wenige Institute, wie die Umweltbank in Nürnberg, belassen es bei der gesetzlichen Sicherung. Doch für Kunden der meisten Privatbanken gibt es zusätzliche Sicherheit über den Einlagensicherungsfonds des Bundesverbandes deutscher Banken, zu dem sich private Geldhäuser zusammengeschlossen haben.

Wichtig: Durch ihn sind Guthaben auf Girokonten, Fest- und Termingelder, Guthaben auf dem Sparbuch, Sparpläne und -briefe geschützt – nicht jedoch Anleihen oder Zertifikate, die von der Bank herausgegeben werden!

Die Sicherungsgrenze beträgt bei jeder Bank, die Mitglied des Einlagensicherungsfonds ist, 30 Prozent des haftenden Eigenkapitals. So sind selbst bei kleinen Instituten für jeden Kunden Vermögen in Millionenhöhe zu 100 Prozent gedeckt.

Ebenso gut geschützt sind die Kunden von Sparkassen und Genossenschaftsbanken (zum Beispiel Volks- und Raiffeisenbanken sowie PSD- und Spardabanken). Sie sind über die Einlagensicherung ihres Verbunds gesichert. Sollte ein Institut aus dem Deutschen Sparkassen- und Giroverband oder aus dem Bundesverband deutscher Volks- und Raiffeisenbanken Probleme haben, springen die anderen Institute ein. Wegen ihres umfangreichen Schutzsystems sind Sparkassen und Genossenschaftsbanken nicht verpflichtet, Mitglied einer gesetzlichen Sicherungseinrichtung zu werden.

Wichtig: Wenn Sie bei einer Bank mit Hauptsitz im EU-Ausland Geld anlegen, gelten die Einlagensicherungsgrenzen des jeweiligen Landes. Derzeit werden nur Beträge bis 20 000 Euro pro Bank und Anleger erstattet. Die Mindestsicherung soll aber EU-weit auf 50 000 Euro angehoben werden. Die Niederlande planen, sie auf 100 000 Euro zu erhöhen. Die Banken werben bereits damit, Gesetz war es aber bei Redaktionsschluss (Oktober 2008) noch nicht.

TIPP

Wenn Sie die einzelnen Produkte mit ihren unterschiedlichen Laufzeiten geschickt kombinieren, können Sie gut auf Änderungen am Zinsmarkt reagieren. Außerdem bleibt Ihnen der notwendige Handlungsspielraum – für Notfälle, für größere Investitionen oder für ein Polster, das Sie in mehreren Jahren angreifen wollen.

Die Eigenschaften der festverzinslichen Produkte

Das Angebot an festverzinslichen Anlageprodukten mit unterschiedlichen Laufzeiten und Ausgestaltungen ist riesig. Dem guten alten Sparbuch, an dem Sie vielleicht aus langer Tradition noch hängen, sollten Sie besser den Rücken kehren: Das dort angelegte Geld ist zwar sicher. Doch das Sparbuch bietet in der Regel nur äußerst schlechte Renditen.

Mit anderen Sparangeboten können Sie deutlich mehr aus Ihrem Geld machen. Warum sollen Sie sich also damit zufrieden geben, wenn Ihnen Ihre Bank auf Ihr Sparbuch 1 oder 1,5 Prozent Zinsen zahlt, wenn Sie mit einem anderen Produkt sicher 4 Prozent oder mehr erzielen könnten?

Es lohnt sich, sich die Zeit zu nehmen, die unterschiedlichen Angebote der Banken zu vergleichen. Dabei sollten Sie auf den Effektivzins achten, die Rendite, die eine Geldanlage in einem Jahr bringt.

Wichtig beim Angebotsvergleich: Nominal- und Effektivzins

Verschiedene Anlageangebote können Sie anhand der zu erwartenden Rendite vergleichen. Entscheidend ist dabei der Effektivzins – die Rendite, die Ihre Anlage auf Jahresbasis tatsächlich bringt. Es können Unterschiede auftreten, die auf den ersten Blick nicht zu erwarten waren. Angenommen zwei Banken werben damit, eingezahltes Tagesgeld mit 4,25 Prozent zu verzinsen. Der einzige Unterschied: Bank 1 schreibt die Zinsen einmal im Jahr gut, Bank 2 schreibt die Zinsen jeweils anteilig jedes Vierteljahr gut. Der Nominalzins beider Banken ist gleich, doch letztlich werden Sie dank des Zinseszinseffektes bei Bank 2 etwas mehr Geld herausbekommen: Der Effektivzins liegt hier nicht bei 4,25, sondern bei 4,37 Prozent.

Alle haben etwas davon

Der Vorteil der festverzinslichen Produkte im Vergleich zur privaten Rentenversicherung: Von Ihrem Ersparten können auch Ihre Angehörigen nach Ihrem Tod profitieren. Entscheiden Sie sich dafür, von Ihrem sicher gesparten Vermögen zu leben, können Sie es beispielsweise so einrichten, dass Sie nur die Zinsen regelmäßig für Ihren eigenen Lebensunterhalt nutzen. Dann bleibt Ihr eigentliches Kapital erhalten und steht den Erben zur Verfügung.

Möglich ist aber auch, neben den Erträgen vom Kapital selbst zu zehren. Dann riskieren Sie allerdings – anders als bei der privaten Rentenversicherung – dass Ihr Vermögen irgendwann aufgebraucht ist und Sie womöglich noch zu Lebzeiten mit leeren Händen dastehen. Sie sollten sich daher bei den sicheren Banksparprodukten genau überlegen, wie Sie Ihr Geld anlegen, welchen Zeithorizont Sie sich vorstellen und wie viel von Ihrem Geld Sie verzehren wollen.

Der Vorteil der festverzinslichen Produkte gegenüber riskanteren Investitionen mit ungewisser Rendite: Sie wissen, was Sie haben – das sicher angelegte Sparvermögen kann Ihnen niemand nehmen. Selbst in Zeiten schwankender Börsenkurse wie im Jahr 2008 müssen Sie, anders als zum Beispiel Fondssparer, nicht fürchten, einen Teil Ihres Vermögens zu verlieren.

Steuercheck: Zinsprodukte

Durch die Steuerreform werden Zinsprodukte ab 2009 für Sparer mit hohem Einkommen attraktiver: Sie zahlen künftig maximal 25 Prozent Abgeltungsteuer. Bisher wurden Kapitalerträge zum persönlichen Steuersatz versteuert. Je nachdem, wie viel Kapitalerträge und Verkaufsgewinne Sie insgesamt in einem Jahr erzielen, sollten Sie bei der Entscheidung für das eine oder andere Sparangebot prüfen, ob für Sie mit Blick auf den Sparerpauschbetrag ein Produkt günstiger ist, bei dem die Zinsen regelmäßig ausgeschüttet oder eines, bei dem sie erst am Ende der Laufzeit gezahlt werden.

Kurzfristige Geldanlagen

Sowohl für Erwerbstätige als auch für Ruheständler ist es ungemein wichtig, dass sie einen Teil ihres Vermögens so anlegen, dass sie im Notfall kurzfristig – wenn nötig sogar täglich – darauf zurückgreifen können: Wenn zum Beispiel das Auto oder die Heizungsanlage im Eigenheim dringend repariert werden muss. Insbesondere Tagesgeldkonten sind für diesen Notgroschen ideal.

Auf dem Tagesgeldkonto Notgroschen parken

Für den Notfall bietet das Tagesgeldkonto die flexibelsten Rahmenbedingungen: Geld, das auf einem solchen Konto liegt, ist täglich verfügbar, ohne dass Gebühren dafür anfallen. Das gilt zwar auch für Geld, das Sie auf Ihr Girokonto eingezahlt haben, doch ein Tagesgeldkonto bringt Ihnen deutlich mehr Zinsen. Im Herbst 2008 erzielten die Spitzenangebote zwischen 4 und 5 Prozent Rendite.

Es gibt Banken, die dem Sparer für einen bestimmten Zeitraum Zinsgarantien bieten. Möglich ist allerdings auch, dass eine Bank immer wieder mal den Zinssatz variiert.

TIPP

Die Notfallreserve auf dem Tagesgeldkonto sollte wenn möglich in etwa dem Dreifachen der Summe entsprechen, die Sie jeden Monat für Ihren alltäglichen Lebensbedarf benötigen.

Wo und wie lässt sich ein Tagesgeldkonto eröffnen?

Das Angebot an Tagesgeldkonten ist vielfältig. Sie sollten nicht unbedingt davon ausgehen, dass Sie bei Ihrer Hausbank das beste Angebot finden. Sehr häufig bieten Direktbanken, die kein Filialnetz betreiben und für ihre Kunden nur per Computer oder telefonisch zu erreichen sind, die besten Zinsen. Wenn Ihnen diese Voraussetzungen nicht gefallen – weil Sie beispielsweise keinen Internetanschluss haben oder weil Sie persönlichen Kontakt wünschen – sollten Sie auch bei Ihrer Filialbank nachfragen, welche Konditionen man Ihnen dort bieten kann.

Falls Sie sich für eine Direktbank entscheiden, erfolgt die Kontoeröffnung über das sogenannte Postident-Verfahren. Der Kunde fordert den Antrag über die Kontoeröffnung per Telefon oder Internet an und bekommt ihn per Post zugeschickt. Er füllt ihn aus und unterschreibt ihn. Dann geht er mit den Formularen zur Post, wo anhand des Personalausweises seine Identität überprüft wird. Anschließend dauert es im Regelfall nur noch wenige Tage, bis die neuen Kontounterlagen zugesandt werden.

TIPP

Es gibt Institute, die bei Tagesgeldkonten eine Untergrenze ziehen und beispielsweise verlangen, dass mindestens 1 000 oder 2 000 Euro eingezahlt werden. Lassen Sie sich davon nicht abschrecken, wenn Sie nur kleinere Summen anlegen wollen, sondern suchen Sie nach Alternativangeboten. Bei den meisten Banken spielt es keine Rolle, wie viel Geld Sie auf Ihr Tagesgeldkonto einzahlen.

Mit Festgeld langfristiger sparen

Etwas weniger flexibel als beim Tagesgeld sind Sie als Sparer, wenn Sie Ihr Geld auf ein Festgeldkonto einzahlen. Denn bei einem solchen Angebot verabreden Kunde und Geldinstitut von Anfang an eine feste Vertragslaufzeit – zum Beispiel 30, 60, 90 oder 180 Tage. Vor Ablauf dieser Frist kommen Sie als Kunde nicht an Ihr Geld heran, haben dafür im Gegenzug aber auch die Sicherheit, dass die Bank nicht mal eben den Zinssatz senkt.

Die Konditionen für Ihr Festgeld richten sich in der Regel danach, wie viel Geld Sie wie lange anlegen möchten und wie gerade das allgemeine Zinsniveau ist. Im Herbst 2008 konnten Anleger für eine Mindestanlagesumme von 5 000 Euro und bei einer Laufzeit von 90 Tagen einen jährlichen Nominalzins meist zwischen 4 und 4,5 Prozent erzielen. In der Regel gilt: Je länger die Laufzeit ist, die Sie mit der Bank vereinbaren, und je mehr Geld Sie anlegen möchten, desto mehr Zinsen sind für Sie drin.

Ein Festgeldkonto ist ähnlich einfach zu handhaben wie ein Tagesgeldkonto. Aufpassen müssen Sie jedoch am Ende der vereinbarten Laufzeit: Behalten Sie im Auge, wann das Geld fällig wird und sprechen Sie früh genug mit Ihrer Bank darüber, wie es weiter angelegt werden soll.

TIPP

Die besten Renditen bieten auch bei Festgeldern meist die Direktbanken.

Wichtig: Ohne Rückmeldung kann es passieren, dass die Bank das Geld erneut anlegt – mit derselben Laufzeit, aber zu den dann jeweils gültigen, womöglich niedrigeren Zinssätzen. Sie sind dann wiederum an eine Laufzeit gebunden.

Den Verlockungen der Banken widerstehen

Zinsen um die 4 Prozent sind beim Tagesgeld derzeit keine Seltenheit. Sie sollten jedoch hellhörig werden, wenn mit deutlich höheren Sätzen geworben wird. Häufig haben solche herausragenden Zinsangebote für Tages- oder auch Festgeld Haken, die das potentielle Top-Angebot auf den zweiten Blick deutlich unattraktiver machen. Achten Sie neben den Voraussetzungen für die Einlagensicherung (→ Seite 53) auf folgende Dinge und fragen Sie in der Bank nach:

- **Zinssatz für Anlagesumme:** Wird ein präsentierter Zinssatz für die gesamte Anlagesumme gezahlt oder nur für bestimmte Anteile? Wenn ein Anbieter angibt, er zahlt für eine Anlagesumme bis 5 000 Euro beispielsweise 2 Prozent, für eine Anlagesumme bis 10 000 Euro 3 Prozent und für eine Anlagesumme über 10 000 Euro 4 Prozent, ist das vielleicht nicht für jeden attraktiv, doch zumindest transparent. Wenn jedoch eine Bank den jeweiligen Zinssatz nur für die Differenz zwischen den jeweiligen Betragsgrenzen zahlt, hält die Stiftung Warentest das für unseriös: Es würde bedeuten, dass ein Anleger, der 12 000 Euro anlegen will, nur für die 2 000 Euro oberhalb von 10 000 Euro den Zinssatz von 4 Prozent bekommt. Für 5 000 Euro – die Differenz zwischen 10 000 und 5 000 Euro – gäbe es 3 Prozent und für die ersten 5 000 Euro gäbe es nur 2 Prozent Zinsen.
- **Betragsgrenzen:** Prüfen Sie, welche Betragsgrenzen gezogen und wie höhere Anlagen verzinst werden. Wird der Grenzwert nur um einen Euro überschritten, sinkt womöglich die Verzinsung für den gesamten Anlagebetrag.
- **Kombiprodukte:** Ein herausragendes Zinsangebot gibt es womöglich nur, wenn Sie gleichzeitig ein Depot bei der Bank

eröffnen und Fonds kaufen. Lassen Sie sich nicht – angelockt durch einen Spitzenzins – in ein solches Kombiprodukt drängen, wenn Sie gar keine Fonds kaufen wollen.

- **Neukunde:** Viele Angebote, die in der Werbung hervorgehoben werden, gelten nur für Neukunden. Wenn Sie bei der Bank schon ein Konto haben, erhalten Sie das Angebot unter Umständen nicht.
- **Dauer der Verzinsung:** Prüfen Sie, für welchen Zeitraum die Verzinsung gilt und was passiert, sobald dieser verstrichen ist: Wie wirkt es sich aus, wenn das Geld zu früh angerührt wird oder länger liegen bleibt?

Wichtig: Lassen Sie sich nicht auf Lockzinsangebote ein, wenn Sie eine Fußangel entdecken, die nicht zu Ihren Anlagewünschen passt. Es gibt noch viele andere Angebote.

INFOS: Die Stiftung Warentest veröffentlicht regelmäßig im Internet (www.test.de) und in der Zeitschrift Finanztest eine Liste von Tages- und Festgeldangeboten, die ohne Fußangeln gute Zinsen bieten. Dort finden Sie auch Informationen zu den jeweiligen Sicherungsbedingungen der Banken.

Mittel- bis langfristige Einmalanlagen

Die kurzfristig verfügbare Notfallreserve steht. Darüber hinaus wollen Sie eine bestimmte Summe sicher anlegen – am besten so, dass Sie sich zum Beispiel in einigen Jahren ein neues Auto kaufen können oder für weitere Notfälle gewappnet sind.

Ist bereits absehbar, dass Sie mittel- bis langfristig Geld benötigen werden, finden Sie bei den Banken zahlreiche Angebote, um auf dieses Ziel hinzusparen. Die Produktpalette ist groß und umfasst zum Beispiel festverzinste Sparkonten, langfristig angelegtes Festgeld oder Sparbriefe mit Zinsgarantie ab einem Jahr Laufzeit.

Diese Einmalanlagen kommen für alle Anleger infrage, die ihr Geld zwischen einem und fünf Jahren sicher anlegen wollen. Sie vereinbaren mit der Bank eine bestimmte Laufzeit für Ihre Geldanlage und geben ihr für diese Zeit quasi einen Kredit. Als Gegenleistung erhalten sie dafür Zinsen.

Das gesamte Angebot der Einmalanlagen lässt sich zunächst in zwei Gruppen unterteilen: Einmalanlagen, bei denen ein vorzeitiger Ausstieg möglich ist und Einmalanlagen, die diese Flexibilität nicht bieten.

Wichtig: In der Regel können Sie höhere Zinsen erzielen, wenn Sie auf die vorzeitige Kündigungsmöglichkeit verzichten. Wenn Sie sich also sicher sind, dass Sie beispielsweise in den nächsten vier Jahren nicht auf die bereitgestellten 10 000 Euro angewiesen sind, können Sie mit einem Sparbrief ohne Kündigungsoption höhere Renditen erzielen als mit einem Angebot, das Ihnen die Kündigung offen lässt.

Einmalanlage mit Kündigungsoption

Bei Angeboten mit Kündigungsmöglichkeit arbeiten die Banken meist mit Zinstreppen: Das heißt, der Zinssatz steigt Jahr für Jahr an, und es werden diejenigen mit hohen Zinsen gegen Ende der Laufzeit belohnt, die trotz der Ausstiegsmöglichkeit weitergespart haben. Falls es nötig werden sollte, können Sie aber vorzeitig über Ihr Geld verfügen.

Wenn Sie sich für ein solches Angebot interessieren, prüfen Sie, ob es eine höhere Rendite bietet als ein Bundesschatzbrief (→ Wertpapiere des Bundes, Seite 64). Die Rendite des Bundesschatzbriefs können Sie als Gradmesser nutzen, um die Qualität eines Sparangebots der Bank einzuordnen.

Wichtig: Achten Sie bei den Einmalanlagen der Banken darauf, welche Regeln für den vorzeitigen Ausstieg vorgegeben sind: So bieten manche Anbieter eine dreimonatige Kündigungsfrist. Es gibt aber auch Angebote, die beispielsweise erst nach einem Jahr unter Berücksichtigung der dreimonatigen Frist gekündigt werden können.

INFOS: Die aktuellen Kurse der Bundeswertpapiere können Sie unter www.finanzagentur.de einsehen oder telefonisch unter 0 800/2 22 55 10 erfragen.

Einmalanlagen ohne Kündigungsoption

Bei Einmalanlagen, aus denen Sie nicht vorzeitig aussteigen können, gilt hingegen für die gesamte Laufzeit ein einheitlicher Zinssatz, sodass die Sparer vorher genau kalkulieren können, wie viel sie am Ende herausbekommen. Zu diesen Angeboten gehören Sparbriefe, langfristige Festgelder und Sparkonten mit Festzinsvereinbarung.

Nachteil dieser Angebote, die häufig mit einer Laufzeit von mehreren Jahren abgeschlossen werden, ist, dass das dort liegende Vermögen im Notfall nicht vorzeitig ausgezahlt werden kann. Bei Sparkonten mit Festzinsvereinbarung ist es sogar meist so, dass der Sparer drei Monate vor Vertragsende kündigen muss, um ohne Einschränkungen über sein Geld verfügen zu können. Benötigt ein Sparer sein Geld vor Ende der Laufzeit eines Sparbriefs oder einer Festzinsanlage, kann das teuer werden, wenn er sein Vermögen beleihen muss. Entscheiden Sie sich deshalb nur für diese Produkte, wenn Sie sicher sind, dass Sie das dort angelegte Geld nicht vor Ende der Laufzeit benötigen.

TIPP

Wenn Sie mehrere Sparbriefe erwerben, die zu unterschiedlichen Zeiten auslaufen, bleiben Sie trotz der fehlenden Ausstiegsmöglichkeit flexibler und nah am Markt und können von möglichen Zinssteigerungen profitieren.

Regelmäßige Zinsen oder Auszahlung am Ende?

Bei den Einmalanlagen haben Sie die Wahl zwischen Angeboten, bei denen die Zinsen regelmäßig ausgeschüttet werden und den Produkten, bei denen der Sparer erst am Ende der Laufzeit alle Zinsen auf einen Schlag ausgezahlt bekommt. Das ist zum Beispiel bei den sogenannten auf- und abgezinsten Sparbriefen der Fall: Bei diesen Produkten werden die Zinsen angesammelt und am Ende der Vertragslaufzeit mit dem Anfangskapital zurückgezahlt. Der Vorteil: Sie profitieren bequem vom Zinseszinseffekt. Steuerlich ist ein solches Angebot aber nicht für jeden vorteilhaft:

Beispiel: Heinz Huber erzielt jedes Jahr etwa 450 Euro Zinsen aus Banksparplänen und Bundesschatzbriefen. 2009 entscheidet er sich zusätzlich für einen drei Jahre laufenden Sparbrief. Bei diesem Angebot werden ihm seine Zinsen von 1 000 Euro erst 2012 ausgezahlt. Damit überschreitet er 2012 den Sparerpauschbetrag, sodass die Bank für ihn Abgeltungsteuer an das Finanzamt abführt. In den Jahren davor schöpft er dagegen den Steuerfreibetrag bei weitem nicht aus. Daher wäre es für ihn günstiger, ein Produkt mit jährlicher Zinszahlung zu wählen. Erzielt er hingegen sowieso jedes Jahr Erträge über dem Freibetrag, bedeuten die erst am Ende der Laufzeit ausgezahlten Zinsen keinen steuerlichen Nachteil.

Wenn Sie auf ein bestimmtes Sparziel hinarbeiten und sich für Angebote mit regelmäßiger Zinszahlung entscheiden, sollten Sie dafür sorgen, dass diese Zinsen wieder zu den Bedingungen angelegt werden, die auch für den Rest des Geldes gelten, um vom Zinseszinseffekt zu profitieren.

Regelmäßig ausgezahlte Zinsen eignen sich aber auch, um daraus eine individuelle regelmäßige „Zusatzrente" zu schaffen (➔ Seite 68). Lassen Sie sich die Zinsen auszahlen und geben das Geld aus, bleibt der Zinseszinseffekt zwar aus, doch das eigentliche Kapital wird zumindest nicht angetastet.

In Sparpläne regelmäßig einzahlen

Nicht jeder kann oder will auf einen Schlag eine große Summe anlegen. Möglich ist auch, regelmäßig mit kleinen Summen ein Polster aufzubauen: in erster Linie für sich selbst oder auch für die Angehörigen. Für ein konkretes Sparziel wie die finanzielle Reserve für einen neu angelegten Garten in wenigen Jahren ist ein Banksparplan eine gute Möglichkeit. Dann zweigen Sie regelmäßig einen Teil Ihrer Einnahmen ab und zahlen sie in den Sparplan ein. Schon mit kleinen Sparraten können Sie etwas erreichen. Möglich sind je nach Angebot schon Sparsummen von 25 Euro im Monat.

Flexibel bleiben

Die Sparpläne können über mehrere Jahre laufen, müssen es aber nicht: Auch wenn Sie planen, beispielsweise die nächsten zehn oder 15 Jahre zu sparen, sollten Sie einen Sparplan wählen, den Sie nach spätestens zwei oder drei Jahren wieder kündigen können: Dann halten Sie sich die Hintertür offen, auszusteigen und Ihr Geld in ein anderes Angebot einzuzahlen, wenn die Zinsen insgesamt auf den Finanzmärkten steigen. Außerdem bleiben Sie flexibel für den Fall, dass sich Ihre finanziellen Möglichkeiten ändern.

Wichtig: Achten Sie auch darauf, ob der angebotene Sparplan es Ihnen ohne Nachteile für Sie ermöglicht, die Höhe der Raten während der Laufzeit zu variieren.

Sparen günstiger als Versicherung

Ein Banksparplan ist auch eine gute Wahl, wenn Sie beispielsweise Ihren Enkeln etwas Gutes tun wollen. Der Effekt durch den Zinseszins ist bei einer solchen Einzahlung über mehrere Jahre enorm.

Beispiel: Erna und Ernst Eilermann wollen ihrer einzigen Enkelin Emma etwas Gutes tun: Wenn sie in zehn Jahren aus der Schule kommt, soll sie nicht mit leeren Händen dastehen. Deshalb wollen sie bis dahin monatlich 50 Euro in ihre Zukunft investieren.

Einzahlung: 50 Euro x 12 Monate x 10 Jahre	6000 Euro
Rendite: 4 %	
Vermögen nach zehn Jahren:	**7359 Euro**

Bei einem langen Anlagehorizont kommt auch ein Fondssparplan infrage. Sparpläne sind besser geeignet als beispielsweise eine Ausbildungsversicherung, die Ihnen womöglich als Baustein für die Versorgung der Kinder angepriesen wird.

Die Kosten eines solchen Versicherungsvertrags, der einer Kapitallebensversicherung ähnelt, sind deutlich höher. Zudem ist die garantierte Verzinsung mit derzeit 2,25 Prozent vergleichsweise niedrig. Sie beziehungsweise Ihr Enkel können zwar von Überschussbeteiligungen der Versicherer profitieren, doch letztlich sind Sie mit einem Sparplan günstiger dran und sichern sich zudem die Freiheit, die regelmäßigen Zahlungen zu variieren oder diese auch einmal aussetzen zu können.

INFOS: Die Stiftung Warentest bietet im Internet kostenlos ein Programm an, das die Renditen von Sparplanangeboten kalkuliert. Sie finden das Programm unter www.test.de: „Tests + Themen", „Geldanlage + Banken" anklicken und dann die Rubrik „Rechner".

Worauf ist bei Vertragsabschluss zu achten?

Wenn Sie sich unter dem immensen Angebot an Banksparplänen für ein Produkt entscheiden, sollten Sie sich neben den Ausstiegsmöglichkeiten vorab gut über die Höhe der

Zinsen und die Art der Verzinsung informieren. Die Gesamtrenditen solcher Verträge sind für den Kunden nicht immer leicht zu durchschauen, sodass ein Vergleich der Produkte schwerfällt: Häufig kombinieren die Banken bei den Sparplänen Zinszahlungen mit Bonusleistungen und Prämien, die beispielsweise am Jahresende oder zum Ende der Vertragslaufzeit gezahlt werden.

Hinsichtlich der Art der Verzinsung haben Sie die Wahl: Entweder wählen Sie einen Vertrag mit variabler oder mit fester Verzinsung. Bei fester Verzinsung wissen Sie vorher schon genau, über welche Summe Sie zum Vertragsende verfügen. Außerdem hat die Bank keine Chance, den Zinssatz zu Ihren Ungunsten zu senken.

Wenn die Bank Ihnen einen Sparplan mit variabler Verzinsung und Bonuszahlung anbietet, muss sie zumindest eine Bezugsgröße nennen, an der sich die Zinsen orientieren. Das hat der Bundesgerichtshof so entschieden (BGH, Az. XI ZR 140/03). Bezugsgröße kann zum Beispiel ein Geldmarktsatz (zum Beispiel der Euribor) sein, der angibt zu welchen Zinssätzen sich die Banken untereinander Geld leihen.

TIPP

Auch wenn Sie sich für eine lange Vertragslaufzeit entscheiden, ist es meist besser, keinen Sparplan mit variabler Verzinsung, sondern einen mit fester Verzinsung oder mit einer fest vereinbarten Zinstreppe zu wählen – selbst wenn Sie dadurch die Möglichkeit verpassen, von steigenden Zinssätzen auf dem Finanzmarkt zu profitieren.

Wertpapiere des Bundes

Es muss nicht immer ein Angebot der Banken oder Sparkassen sein, wenn Sie regelmäßig sparen oder einmalig sicher Geld anlegen wollen: Eine Alternative stellen die Wertpapiere des Bundes dar. Auch mit diesen Papieren können Sie kurz-, mittel- oder langfristig Geld anlegen, ohne selbst große Mühe investieren zu müssen. Wenn Sie sich beispielsweise für Finanzierungsschätze, Bundesschatzbriefe oder Bundesobligationen entscheiden, leihen Sie nicht der Bank Geld, sondern dem deutschen Staat. Als Gegenleistung bekommen Sie Zinsen.

Neues Produkt: Die Tagesanleihe als Alternative zum Tagesgeld

Das jüngste Produkt unter den Bundeswertpapieren ist gleichzeitig das mit dem kürzesten Anlagehorizont: Seit Juli 2008 gibt die Deutsche Finanzagentur, die die Schulden des Bundes verwaltet, die sogenannte Tagesanleihe des Bundes aus. Dieses Angebot ist vergleichbar mit den Tagesgeldkonten der Geschäftsbanken, weist allerdings auch einige Unterschiede auf.

TIPP

Wenn Sie Bundeswertpapiere direkt über die Deutsche Finanzagentur kaufen und dort lagern, zahlen Sie – anders als bei vielen Geldinstituten – auch für ihre Verwahrung nichts.

Das angelegte Geld verzinst die Finanzagentur mit einem Abschlag von 7,5 Prozent auf den Eonia (Euro Overnight Index Average). Das ist der Zinssatz, zu dem sich die Geschäftsbanken untereinander über Nacht Geld ausleihen. Liegt der Eonia bei 4 Prozent, wird die Tagesanleihe dementsprechend mit 3,7 Prozent verzinst. Die Zinserträge erhöhen an jedem Börsentag den Anlagebetrag und erzeugen so einen Zinseszinseffekt. Über das angelegte Geld können Sie an jedem Bankgeschäftstag wieder verfügen. Die Mindestanlagesumme beträgt 50 Euro.

Die Verzinsung der Tagesanleihe ist derzeit niedriger als bei den allerbesten Tagesgeld-Angeboten, doch sie ist höher als bei den meisten Banken. Wer nicht regelmäßig im Internet nach den Top-Angeboten suchen will, steht mit den Erträgen der Tagesanleihe besser da als bei den Angeboten vieler Filialbanken.

Kurzfristig sparen mit Finanzierungsschätzen

Unter den übrigen Bundeswertpapieren haben Finanzierungsschätze die kürzeste Laufzeit mit einem oder zwei Jahren. Einer der Vorteile ist, dass für sie mit 500 Euro eine relativ niedrige Mindestanlagesumme gilt. Das ist weniger als bei vielen Sparbriefen oder Festgeldangeboten der Banken.

Wichtig: Sparer, die sich für Finanzierungsschätze entscheiden, haben keine Möglichkeit, vor Ablauf der Frist an ihr Geld heranzukommen.

Bei den Finanzierungsschätzen handelt es sich um abgezinste Papiere. Das heißt, dass das Papier zum Ende der Laufzeit verzinst wird, indem beim Kauf die Zinsen von seinem Nennwert abgezogen werden. Zum Ende der Laufzeit bekommt der Kunde dann den Nennwert ausgezahlt.

Beispiel: Günter Gerber kauft einen Finanzierungsschatz mit einem Nennwert von 500 Euro und einer Laufzeit von einem Jahr. Er zahlt aber nicht 500 Euro dafür, sondern beispielsweise 482,40 Euro. Die Rendite bezogen auf den Verkaufspreis beträgt in diesem Fall 3,65 Prozent. Nach dem Jahr bekommt er dann 500 Euro ausgezahlt.

Finanzierungsschätze werden ständig vom Bund angeboten – sie sind also dauerhaft bei Banken und Sparkassen, den Landeszentralbanken oder direkt bei der Deutschen Finanzagentur (➔ Seite 68) erhältlich. Kauf und Verkauf der Papiere sind kostenlos. Die Zinskonditionen der Finanzierungsschätze und Bundesschatzbriefe (➔ Tabelle, Seite 67) passt der Bund regelmäßig der Marktentwicklung an.

Täglicher Verkauf möglich bei Bundesobligationen

Bundesobligationen haben eine Laufzeit von fünf Jahren. Dennoch sind sie flexibler als Finanzierungsschätze, denn theoretisch können Sie die Papiere täglich wieder verkaufen: Sie werden direkt nach der Emission an der Börse gehandelt. Wenn Sie die Papiere aber vor Ende der Laufzeit wieder verkaufen, müssen Sie unter Umständen Verluste hinnehmen. Die Mindestanlagesumme beträgt 110 Euro.

Einmalig einzahlen oder auf Dauer sparen mit Bundesschatzbriefen

Um mittelfristig zu sparen, eignen sich auch Bundesschatzbriefe. Es gibt sie in zwei Varianten: Bundesschatzbriefe vom Typ A haben eine Laufzeit von sechs Jahren, Bundesschatzbriefe Typ B von sieben Jahren. Beide sind mit einem jährlich steigenden Zinssatz ausgestattet. Der Unterschied zwischen beiden Varianten: Bei Schatzbriefen Typ A werden die Zinsen regelmäßig ausgeschüttet, während die Zinsen bei Typ B erst am Ende der Laufzeit ausgezahlt werden. Sparer, die Typ B kaufen, haben somit auf jeden Fall die Gewissheit, dass sie vom Zinseszinseffekt profitieren.

Wichtig: Steuerlich kann die Ausschüttung zum Laufzeitende allerdings wie bei abgezinsten oder aufgezinsten Sparbriefen Nachteile haben, wenn dadurch der Steuerfreibetrag für Kapitalerträge überschritten wird.

Käufer von Bundesschatzbriefen haben die Wahl: Entweder zahlen sie einmalig eine Summe ein, oder sie gehen wie bei einem Sparplan vor. Mindestanlagesumme bei Schatzbriefen sind 52 Euro. Möglich sind aber auch höhere und ungerade Summen.

Der Vorteil eines Schatzbriefes ist die Flexibilität: Trotz der festen Laufzeit können die Sparer die Papiere nach Ablauf einer Sperrfrist von einem Jahr problemlos wieder zurückgeben oder gegen besser verzinste Papiere eintauschen. Das ist möglich bis zu einem Höchstbetrag von 5 000 Euro alle 30 Tage pro Serie.

TIPP

Für eine Anlage mit Bundeswertpapieren, die auf einen noch längeren Zeitraum ausgerichtet ist, kommen auch Bundesanleihen infrage (→ Seite 72).

Bundeswertpapiere im Überblick

	Tagesanleihen	Finanzierungsschätze	Bundesobligationen	Bundesschatzbrief Typ A	Bundesschatzbrief Typ B
Laufzeit	Unbefristet	1 oder 2 Jahre	5 Jahre	6 Jahre	7 Jahre
Mindestanlage	50 Euro	500 Euro	110 Euro	52 Euro	52 Euro
Vorzeitige Rückgabe	Täglich möglich	Nicht möglich	Börsennotiert, täglicher Verkauf möglich	Nach dem ersten Jahr können Anleger bis zu 5000 Euro pro Monat und Serie zurückgeben	
Rendite *)	3,86	3,35/3,15	3,78	3,7/3,75	
Verwahrung	Banken/Sparkassen oder (kostenlos) direkt bei der Deutschen Finanzagentur				

*) Stand: 1. Oktober 2008

INFOS: Die Deutsche Finanzagentur erreichen Sie telefonisch unter der kostenfreien Hotline 0 800/222 55 10 oder im Internet unter www.finanzagentur.de

Ein Konto bei der Deutschen Finanzagentur eröffnen

Wie bereits angedeutet, bringt es Ihnen finanzielle Vorteile, wenn Sie Bundeswertpapiere direkt bei der Deutschen Finanzagentur erwerben und nicht den Umweg über Ihre Bank oder Sparkasse wählen: Wenn Sie die Papiere direkt bei der Finanzagentur telefonisch oder über das Internet kaufen und lagern, fallen für Sie keine Extrakosten an – auch nicht, wenn Sie zum Beispiel Bundesschatzbriefe vorzeitig zurückgeben. Banken und Sparkassen verlangen hingegen in der Regel Depotgebühren und Verkaufsspesen bei vorzeitiger Rückgabe.

Um über die Deutsche Finanzagentur Bundeswertpapiere erwerben zu können, müssen Sie dort ein Konto eröffnen – das sogenannte Schuldbuch. Die Eröffnung ist gar nicht so schwer: Das Antragsformular für die Schuldbucheröffnung können Sie entweder im Internet herunterladen oder auch telefonisch bestellen. Um das Schuldbuch einzurichten, müssen Sie sich dann noch bei der Bank, bei der Sie Ihr Girokonto haben, Ihre Unterschrift bestätigen lassen. Auch dies ist kostenlos.

Auszahlpläne: Eine Zusatzrente aus Zinsen

Banksparplan, Sparbrief oder Bundesschatzbrief – egal für welches dieser Produkte Sie sich entscheiden: Sie sorgen dafür, dass sich Ihr Vermögen in kleinen oder großen Schritten vermehrt. Doch es geht auch andersherum.

Die bequeme Zusatzrente

Wenn Sie vorhaben, von Ihren Kapitalerträgen zu leben, haben Sie mehrere Möglichkeiten, um sich aus den Erträgen Ihres Vermögens regelmäßige zusätzliche Einnahmen zu schaffen. Eine Variante ist: Sie zahlen Ihr Geld in einen Auszahlplan einer Bank ein und beziehen daraus eine Zusatzrente. Ein solcher Auszahlplan einer Bank dürfte insbesondere für bequeme Anleger interessant sein: Wenn Sie sich einmal für ein Angebot entschieden haben, müssen Sie sich bis Ende der Laufzeit um nichts mehr kümmern. Sie erhalten regelmäßig die dem vereinbarten Zinssatz entsprechende Auszahlung.

Im Vergleich zur Rentenversicherung haben Sie mehr Handlungsfreiräume. Einen Auszahlplan vereinbaren Sie nicht auf Lebenszeit, sondern für einen bestimmten Zeitraum. Sie können ihn beispielsweise für zehn Jahre abschließen und anschließend je nach Ihrer Lebenssituation erneut entscheiden, wie Sie weiter vorgehen. Bei der Sofortrente besteht diese Möglichkeit nicht: Die vereinbarte Leistung gilt ohne Änderungsoption bis ans Lebensende.

Wichtig: Prüfen Sie vor Abschluss eines Auszahlplans genau, wie lange Sie ein solches Angebot nutzen und welchen Teil Ihres Vermögens Sie in eine Zusatzrente verwandeln wollen: Denn vor Ende der Vertragslaufzeit kommen Sie nicht an Ihr Geld heran.

Zwei Varianten der Auszahlung

Wenn Sie sich für einen Auszahlplan entscheiden, haben Sie verschiedene Möglichkeiten, Ihr Geld zu entnehmen.

- **Sie verzehren Ihr Kapital.** Das bedeutet, die Bank zahlt Ihnen nicht nur die Zinsen aus, die Ihr Vermögen erwirtschaftet, sondern überweist nach und nach auch das angelegte Vermögen selbst. Wenn Sie zum Beispiel 30 000 Euro anlegen und dafür 4 Prozent Rendite erzielen, bringt Ihnen die Anlage bei einer Laufzeit von zehn Jahren eine monatliche Zusatzrente von zirka 300 Euro. Nach Ablauf der zehn Jahre ist das anfänglich angelegte Kapital allerdings verbraucht.
- **Sie leben nur von den Zinsen.** Das vorhandene Kapital bleibt dann erhalten. Auch eine solche Auszahlung können Sie mit der Bank vereinbaren. Die im vorherigen Beispiel genannte Summe von 30 000 Euro reicht dann jedoch bei einem

TIPP

Zwischen komplettem Kapitalverzehr und vollständigem Kapitalerhalt sind Variationen möglich. Zumindest bei einigen Banken können Sie genau festlegen, wie viel Geld am Ende der Laufzeit übrig sein soll. Besser ist es aber, Sie legen nur den Teil, den Sie verzehren möchten, als Auszahlplan an und den Rest in Zinsprodukte als Einmalanlage.

Zinssatz von 4 Prozent gerade einmal für eine monatliche Zusatzrente von knapp 100 Euro. Für eine regelmäßige Auszahlung von 300 Euro müssten Sie mehr als 90 000 Euro einzahlen. Steuern sind hier nicht berücksichtigt.

Der Vorteil dieser zweiten Variante im Vergleich zum Auszahlplan mit Kapitalverzehr ist, dass Sie nicht am Ende der Laufzeit mit leeren Händen dastehen, sondern immer noch ein finanzielles Polster haben, über das Sie weiter entscheiden können. Gegebenenfalls haben auch die Nachkommen etwas davon.

Worauf ist bei Vertragsabschluss zu achten?

Angebote für Auszahlpläne finden Sie nicht bei jeder Bank. Zumindest in den Filialen einiger großer, überregional aktiver Banken sollten Sie aber fündig werden. In der Regel wird eine Mindestanlagesumme verlangt, zum Beispiel 10 000 oder 15 000 Euro. Fragen Sie auch bei Ihrer Hausbank nach, ob sie so ein Produkt anbietet. Versuchen Sie auf jeden Fall, mehrere Angebote einzuholen, da Sie sich für einen längeren Zeitraum binden.

Bedenken Sie dabei, dass Sie an den einmal vereinbarten Vertragsbedingungen in der Regel nichts mehr ändern können. Das heißt, Ihnen fehlt die Flexibilität, während der Laufzeit auf veränderte Lebenssituationen zu reagieren. Was ist zum Beispiel, falls Ihr Partner in ein paar Jahren Pflege benötigt? Wenn Sie dann außer der Reihe Kapital brauchen oder eine höhere monatliche Auszahlung, ist das nicht über einen Auszahlplan möglich.

Wichtig: Splitten Sie Ihr Vermögen: Zahlen Sie nicht alles in einen Auszahlplan, sondern bewahren Sie sich einen Teil in flexibleren Anlagen.

Je länger Sie sich binden, desto höhere Renditen lassen sich erzielen. Doch ohne Kündigungsmöglichkeit nehmen Sie sich die notwendige Flexibilität. Um auf neue

TIPP

Einen solchen Auszahlplan können Sie auch vereinbaren, wenn Sie jemanden unterstützen wollen, zum Beispiel Ihren Enkel: Sie zahlen eine bestimmte Summe ein und ermöglichen ihm damit eine regelmäßige Finanzspritze zusätzlich zum Ausbildungsgehalt.

Lebensumstände reagieren zu können, ist es besser, kürzere Laufzeiten zu wählen – zum Beispiel fünf Jahre. Danach können Sie erneut wählen, wie es weitergehen soll.

Wichtig: Wenn Sie sich Angebote für Auszahlpläne besorgen, vergleichen Sie die Konditionen mit dem, was Ihnen beispielsweise ein Sparbrief oder Bundeswertpapiere bieten würden.

Mit Sparangeboten den eigenen Entnahmeplan zusammenstellen

Der Entnahmeplan von der Stange schränkt Sie in der Flexibilität deutlich ein. Deshalb kann es sich lohnen, etwas mehr Zeit und Mühe zu investieren und einen eigenen „Auszahlplan" zu entwickeln. Das hört sich komplizierter an als es ist.

Dafür eignen sich die Sparangebote der Banken ebenso wie Bundeswertpapiere, denn mit ihnen lassen sich sichere Erträge erzielen. Wenn Sie die Papiere zum passenden Zeitpunkt kaufen und verkaufen, die Laufzeiten variieren sowie den Zeitpunkt der Zinszahlung beachten, können Sie sich über das Jahr verteilt regelmäßige Zusatzeinnahmen sichern und gleichzeitig noch auf die Zinsentwicklungen am Markt reagieren.

Beispiel: Hubertus und Hannelore Hildesheimer möchten 30 000 Euro sicher anlegen und sich von den Zinsen ein paar kleine Extras gönnen. Aufbrauchen möchten sie das Geld jedoch nicht. Sie entscheiden sich dafür, zu vier unterschiedlichen Zeitpunkten im Jahr Sparbriefe ihrer Bank zu kaufen. Besonderes Glück haben sie, weil im Laufe des Jahres die Zinsen insgesamt am Markt steigen und sie bei den letzten beiden Käufen davon profitieren. Sie legen ihr Geld je Sparbrief für fünf Jahre fest und verzichten auf eine vorzeitige Ausstiegsmöglichkeit. Da die Eheleute Produkte gewählt haben, die die Zinsen jährlich ausschütten, können sie viermal im Jahr Zinsen kassieren und sichern sich so ihre besondere Zusatzrente.

Natürlich ist es bei Ihrem persönlich entwickelten Auszahl- oder Entnahmeplan auch möglich, auf andere Anlagen wie Investmentfonds zurückgreifen, um Ihre Renditechancen zu erhöhen (➔ Seite 78). Eine Garantie auf sichere Auszahlungen gibt es bei diesen riskanteren Produkten allerdings nicht.

Anleihen: Den richtigen Herausgeber finden

Wenn der Staat Geld braucht, gibt er neben den Bundesschatzbriefen, Finanzierungsschätzen und Bundesobligationen noch weitere Wertpapiere heraus: die Bundesanleihen. Sie sind mit einer Laufzeit von in der Regel zehn Jahren längerfristiger ausgerichtet als die übrigen Bundeswertpapiere. Möglich sind Laufzeiten bis 30 Jahre.

Doch nicht nur der deutsche Staat benötigt Kreditgeber. Auch andere Staaten, Banken oder Industrieunternehmen legen Anleihen auf, um zusätzliches Kapital einzusammeln.

Wie funktionieren Anleihen?

Anleger, die sich für eine Anleihe entscheiden, geben dem Herausgeber des Papiers Kredit. Als Gegenleistung erhalten sie für das investierte Kapital Zinsen. Am Ende der Laufzeit bekommt der Kreditgeber dann das verliehene Geld zurück. Es ist auch möglich, die erworbenen Anleihen vor Ende der Laufzeit über die Börse zu verkaufen. Je nachdem, wie sich die Papiere seit dem Kauf entwickelt haben, sind dann Verluste oder Gewinne möglich.

Zu Kursverlusten kann es kommen, wenn der allgemeine Marktzins ansteigt. Möglich sind aber auch Verluste, wenn die Kreditwürdigkeit des Herausgebers (Emittent) der Anleihe herabgestuft wird und die Nachfrage nach seinen Anleihen nachgelassen hat. Gerät beispielsweise ein Konzern, der eine Anleihe herausgegeben hat, in Zahlungsschwierigkeiten, verschlechtern sich die Aussichten, dass er seine Anleiheschulden so begleichen kann wie vorgesehen. Deshalb verlieren die Papiere am Markt an Wert.

Steigen die Zinsen am Kapitalmarkt, sinken die Kurse von Anleihen. Der Grund: Ist eine Anleihe erst einmal auf dem Markt, steht die Höhe der Zinsen, die der Käufer für sie bekommt, fest. Wenn die Zinsen am Markt dann steigen, kommen neue Anleihen mit einem höheren Zinssatz heraus. Warum sollten die Anleger dann noch zu den älteren, schlechter verzinsten Papieren greifen? Sie tun es nur, wenn sie dafür weniger bezahlen müssen als für die neuen Papiere. Sinken hingegen die Zinsen am Markt, sind die neuen Anleihen nicht so attraktiv wie die alten. Deshalb steigen die Kurse für die alten Papiere.

Unterschiede bei der Verzinsung

Die Zinsen, die eine Anleihe bringt, werden zu vorher festgelegten Terminen ausgeschüttet – zum Beispiel jährlich oder auch jedes Vierteljahr. Häufig gelten für Anleihen über die gesamte Laufzeit dieselben Zinssätze. Doch möglich sind auch andere Varianten – dass beispielsweise ein Stufenzins vereinbart wird und im Laufe der Jahre der Zinssatz steigt. Es werden somit diejenigen belohnt, die möglichst lange an der Anleihe festhalten.

Bei beiden Varianten steht von vornherein fest, wie hoch die regelmäßige Verzinsung ist. Anders sieht das bei den sogenannten Floatern aus: Bei diesen Gleitzinsanleihen hat der Herausgeber der Anleihe die Möglichkeit, den Zinssatz an die allgemeine Zinsentwicklung anzupassen.

Manchmal Zinsen erst zum Ende

Statt einer regelmäßigen Verzinsung während der Laufzeit kann es auch sein, dass der Anleger seine Zinsen erst ganz am Ende ausgeschüttet bekommt zusammen mit dem zurückgezahlten Kapital. Möglich ist zum Beispiel der Kauf einer Null-Kupon-Anleihe – auch Zerobond genannt: Angenommen, dieses abgezinste Papier hat einen Nennwert von

1 000 Euro. Dann zahlen Sie beim Kauf nicht diese Summe dafür, sondern je nach Laufzeit und Rendite einen deutlich niedrigeren Preis, beispielsweise 700 Euro. Am Ende der Laufzeit bekommen Sie dann den Nennwert ausgezahlt.

Sicherheit contra Renditechance: Der Herausgeber ist entscheidend

Wenn der deutsche Staat Anleihen auflegt und Sie als Anleger zugreifen, müssen Sie sich keine Sorgen machen, ob Sie Ihr investiertes Geld zurückbekommen: Es ist kaum zu erwarten, dass Deutschland mit Zins- und Tilgungszahlungen in Rückstand gerät. In der Vergangenheit war das noch nicht der Fall.

Bundesanleihen gelten daher als sehr sichere Geldanlage. Dementsprechend sind die Renditechancen bei diesen Papieren im Vergleich zu anderen festverzinslichen Wertpapieren eher niedrig. Dennoch kommen Bundesanleihen für sicherheitsbewusste Sparer als bequeme Geldanlage infrage, wenn sie mittel- bis langfristig anlegen wollen.

Wenn Sie sich für Bundesanleihen interessieren, müssen Sie diese über die Börse kaufen. Das kann Ihre Bank für Sie übernehmen. Dafür fallen Bankspesen an, die bis zu 0,5 Prozent vom Kurswert betragen können. Nach dem Kauf können Sie die Papiere bei Ihrer Bank lassen. Dann benötigen Sie dafür ein Depot. Mit dem Bankdepot haben Sie den Vorteil, dass Sie die Papiere jederzeit wieder über die Börse verkaufen können. Allerdings kassiert die Bank in der Regel Depotkosten für die Verwahrung der Papiere. Als Alternative zur Verwahrung der Papiere bei der Bank, können Sie die Bundesanleihen auch an die Deutsche Finanzagentur übertragen und dort kostenlos verwalten lassen. Jedoch können Sie sie dann nicht vorzeitig über die Börse verkaufen.

Als ähnlich sicher wie Bundesanleihen gelten beispielsweise Staatsanleihen von Frankreich, Finnland, den Niederlanden oder Österreich. Rating-Agenturen (➔ Seite 76) haben diesen Papieren wie Bundesanleihen die höchste Bewertung (AAA) gegeben. Als ebenso sicher gelten Staatsanleihen der

Schweiz und aus Großbritannien. Weil diese Anleihen nicht in Euro gehandelt werden, besteht allerdings bei Währungsschwankungen die Gefahr von Kursverlusten.

Wichtig: Staatsanleihen können aber auch sehr riskant sein. Das wird am Beispiel Argentinien deutlich. Anleger, die auf diesen Markt vertraut haben, mussten vor einigen Jahren Verluste verkraften, als die dortige Wirtschaft zusammenbrach. Kaufen Sie daher keine exotischen Staatsanleihen, deren Markt Sie nicht einschätzen können.

Pfandbriefe als sichere Anlagealternative

Wenn Sie eine sichere Alternative suchen, können Sie zu Pfandbriefen greifen. Sie bilden eine der wichtigsten Gruppen unter den Anleihen. Dabei handelt es sich um festverzinsliche Wertpapiere, die durch spezielle Pfandrechte – Hypotheken auf inländische Grundstücke – gesichert sind. Sie gelten als fast genauso sicher wie Bundesanleihen, die Zinsen sind in der Regel etwas höher.

Der Handel mit Pfandbriefen erfolgt jedoch nicht im gleichen Umfang wie bei Bundesanleihen. Es kann also sein, dass es nicht so einfach ist, die erworbenen Papiere vorzeitig zu verkaufen oder den erwünschten Preis dafür zu erzielen. Anlegern, die ihre Pfandbriefe bis zum Ende der Laufzeit halten wollen, kann das jedoch egal sein.

Bankschuldverschreibungen und Unternehmensanleihen

Auch Unternehmen und Banken legen Anleihen auf, um an zusätzliches Kapital zu kommen. Die Chancen auf hohe Renditen sind größer als bei sicheren Staatsanleihen. Doch damit steigt auch das Investitionsrisiko: Was nutzt dem Anleger die gute Renditechance, wenn der Herausgeber der

TIPP

Flexibler als mit normalen Pfandbriefen sind Sie, wenn Sie sich Anteile an sogenannten Jumbo-Pfandbriefen kaufen. Bei diesen Anlagen ist der Kauf und Verkauf der Papiere in der Regel möglich. Durch diesen Vorteil schmilzt allerdings der Renditevorteil gegenüber Bundesanleihen ein wenig dahin. Jumbo-Pfandbriefe kaufen Sie meist über Ihre Bank und verwahren sie auch dort. Sie können sie nicht kostenlos bei der Finanzagentur verwahren.

Anleihe am Laufzeitende die Einlage nicht zurückzahlen kann und der Sparer keine Möglichkeit hat, das Geld wiederzubekommen?

Wichtig: Umso entscheidender ist es bei Unternehmensanleihen, dass Sie sich vorher genau über den Herausgeber der Anleihe und seine Kreditwürdigkeit informieren.

Hilfe durch Bewertungen

Hilfestellung bei der Auswahl der passenden Produkte bieten Ihnen die Bewertungen der Rating-Agenturen, zum Beispiel Standard & Poor's oder Moody's. Sie überprüfen, wie kreditwürdig Staaten, Unternehmen, Banken und andere Herausgeber von Anlagen sind. Sie alle bekommen eine Bewertung dafür, ob und inwieweit sie in der Lage sind, ihren finanziellen Verpflichtungen nachzukommen.

Anleihen von Herausgebern, die beispielsweise von Standard & Poor's die Bewertung „AAA" bekommen (wie Bundesanleihen) gelten als hochqualitative Anleihen. Die Noten sinken über „AA" und „A" hin zur Bewertung „BBB". Hier gehen die Rating-Agenturen nur noch von einer durchschnittlichen Bonität (Kreditwürdigkeit) aus. Die Bewertungen gehen weiter abwärts bis hin zu „C" und „D".

Wichtig: Wenn Sie im Ruhestand in Anleihen investieren, sollten Sie mit Blick auf die Sicherheit auf Euro ausgestellte Papiere wählen, da Sie dann mögliche Währungsrisiken umgehen. Wählen Sie im nächsten Schritt Papiere mit A-Rating. Eine absolute Sicherheit für Ihr Geld haben Sie allerdings selbst dann nicht, denn im Laufe mehrerer Jahre kann sich die finanzielle Situation des Herausgebers verschlechtern. Achten Sie deshalb darauf, wie sich die Bewertungen Ihrer Anlagen weiterentwickeln.

Steuercheck: Anleihen

Sowohl Zinsen als auch Kursgewinne werden künftig mit 25 Prozent versteuert. Allerdings gilt, dass Anleger, die vor Ende 2008 in Anleihen investiert haben, mögliche Kursgewinne noch steuerfrei bekommen können, wenn sie die Papiere mindestens ein Jahr halten. Für die Besteuerung der Zinsen spielt es hingegen keine Rolle, wann die Anleihen gekauft wurden. Anleger mit hohem Steuersatz profitieren von der neuen Zinsbesteuerung.

Auf Dauer von Anleihen profitieren

Für die sichere Geldanlage im Ruhestand kommen Bundesanleihen und Pfandbriefe infrage. Bei Unternehmensanleihen sieht das unter Umständen ganz anders aus: Wenn Sie sich dafür entscheiden, sollten Sie sich immer über das mögliche Risiko im Klaren sein, dass die Anlagen an Wert verlieren können.

Anders als bei Aktien kommt es bei Anleihen nicht in erster Linie darauf an, Papiere von möglichst vielen Herausgebern im Depot zu haben. Wichtiger ist, dass Sie Anleihen mit verschiedenen Laufzeiten kombinieren. So können Sie immer wieder auf aktuelle Entwicklungen am Kapitalmarkt reagieren und sich aus den Zinsen außerdem ihre eigene kleine Zusatzrente basteln.

Sicher und renditestark: Das Leiterdepot

Es lohnt sich, mit ein bisschen Mühe und Eigeninitiative aus sicheren Anleihen ein sogenanntes Leiterdepot zusammenzustellen:

Beispiel: Ernst und Erika Engel haben 80 000 Euro, die sie mittel- bis langfristig sicher investieren wollen. Sie selbst sind auf dieses Geld aller Voraussicht nach in den nächsten Jahren nicht angewiesen. Sie kaufen zehn Anleihen mit unterschiedlichen Laufzeiten zwischen einem und zehn Jahren: Jedes Jahr wird eines der Papiere fällig und durch ein neues mit zehnjähriger Laufzeit ersetzt. So können sie Zinsschwankungen ausgleichen, bleiben relativ flexibel, kassieren regelmäßig die Erträge und erhalten trotzdem ihr Kapital für den Fall, dass sie es doch irgendwann benötigen.

Ein solches Leiterdepot lohnt sich häufig aber erst ab Anlagesummen von 3 000 Euro je Order, weil sonst die Kaufgebühren überproportional zu Buche schlagen.

Wenn Ihnen der jährliche Kauf zu aufwendig ist, können Sie für das Leiterdepot zum Beispiel auch nur Anleihen mit fünf verschiedenen Laufzeiten auswählen. Sie müssen dann nur alle zwei Jahre aktiv werden und sparen außerdem Kauf- und Verkaufsgebühren.

Fondssparen: Mehr Chancen – mehr Risiko

Die Renditen, die Sie mit festverzinslichen Anlagen wie Bundesschatzbrief oder Sparbrief erzielen können, sind sicher – aber oft nur mäßig. Manch einer wird sich daher fragen: Kann ich noch mehr aus meinem Geld machen?

Sie können es – beispielsweise, wenn Sie in Aktienfonds investieren. Allerdings sollten Sie dies nur in Maßen probieren – wenn Ihre Einnahmen höher als Ihre Ausgaben sind und Sie das in Fonds investierte Geld nicht zwingend für Ihren Lebensunterhalt benötigen, sodass Sie mögliche Verluste verkraften können.

Denn wenn Sie Ihr Geld in Aktienfonds anlegen, können diese bei schlechter Marktlage an Wert verlieren. Deutlich zeigte sich das unter anderem im Jahr 2008, als die Börsenkurse zum Teil rasant in die Tiefe gerutscht sind, sodass viele Anleger, die zu diesem Zeitpunkt Fondsanteile oder andere Wertpapiere verkaufen mussten, herbe Verluste zu verzeichnen hatten. Weniger riskant sind andere Fondstypen wie zum Beispiel Rentenfonds Euro.

TIPP

Falls Sie Fondsanteile besitzen, die zwischenzeitlich an Wert verloren haben, sollten Sie deren Verkauf nicht überstürzen – vorausgesetzt Ihr Fonds war in der Vergangenheit gut gemanagt. Dann besteht die Chance, dass er wieder erfolgreich wird. Wie Ihr Fonds in der Vergangenheit abgeschnitten hat, können Sie unter www.test.de mithilfe des Produktfinders Investmentfonds der Stiftung Warentest prüfen. Hier finden Sie 8 000 Fonds, die wir im Hinblick auf Wertentwicklung und Stabilität bewertet haben.

Wie funktionieren Fonds?

Investment- oder Fondsgesellschaften legen den jeweiligen Fonds auf und verkaufen Anteile. Dadurch dass viele Anleger Fondsanteile erwerben, entsteht ein großes Vermögen, das die Manager der Fondsgesellschaft verwalten und in verschiedene Anlagen investieren.

Sie brauchen keine Bedenken zu haben, dass ein Fondsmanager mit Ihrem Geld das Weite sucht: Mit einer Reihe gesetzlicher Vorschriften und Regelungen ist dafür gesorgt, dass das Kapital der Fondskunden vor Manipulationen und missbräuchlichem Zugriff geschützt ist.

Die wichtigste dieser Vorschriften: Die Fondsgesellschaften haben keinen direkten Zugriff auf das Vermögen der Anleger. Es wird aus Sicherheitsgründen bei eigenen Depotbanken hinterlegt. Als Kontrollorgan achtet die Bundesanstalt für Finanzdienstleistungsaufsicht (Bafin) darauf, dass alles mit rechten Dingen zugeht.

Die Fondstypen im Überblick

Die Zusammensetzung des gesamten Investments richtet sich nach der Ausrichtung des Fonds. Die wichtigsten Fondstypen sind:

Aktienfonds: Fondsmanager legen das Geld in viele verschiedene Aktien an.

Rentenfonds: Die Gelder werden in Zinspapiere investiert. Infrage kommen zum Beispiel Staatsanleihen, Unternehmensanleihen und Pfandbriefe.

Gemischte Fonds (Mischfonds): Hier mischt das Fondsmanagement unterschiedliche Anlageformen zum Beispiel Aktien und Anleihen (Renten). In diese Gruppe gehören auch sogenannte Dachfonds.

Geldmarktfonds: Das Geld wird in Zinspapiere mit kurzen Laufzeiten angelegt. Sie können eine Alternative zum Festgeld bei Banken sein.

Offene Immobilienfonds: Der Großteil der Anlegergelder – mindestens 51 Prozent – wird in Immobilien investiert.

Hohe Flexibilität

Wenn es gut läuft, erzielen Sie durch den Verkauf von Fondsanteilen Kursgewinne. Je nach Fondstyp sind weitere Erträge möglich: zum Beispiel Zinsen, die aus den Anleihen in einem Rentenfonds anfallen, oder Dividenden aus einem Aktieninvestment.

Mit Fonds sind Sie flexibler als mit den meisten anderen Anlageprodukten: Anders als beispielsweise bei einem Sparbrief ohne vorzeitige Kündigungsmöglichkeit können Anleger quasi täglich über ihr Fondsvermögen verfügen. Es gibt keine festen Laufzeiten und sie müssen keine Kündigungsfristen einhalten.

Wichtig: Diese Flexibilität sollten Sie allerdings nur in Anspruch nehmen, wenn die Börsenlage entsprechend ist. Grundsätzlich sind die meisten Fonds eher auf eine langfristige Anlagedauer ausgerichtet.

Die wichtigsten Spielregeln

Neben der Information über die Produkte sollten Sie bei der Anlage in Fonds einige weitere Spielregeln beachten:

- **Anlagehorizont:** Fondsinvestments sollten Sie unbedingt längerfristig planen. Geben Sie der Investition genug Zeit, damit sich die Kurse gegebenenfalls nach einem zwischenzeitlichen Tief wieder erholen können.
- **Verkaufszeitpunkt:** Ganz wichtig ist – und das bestätigt der Rückblick auf den Herbst 2008 oder auch auf den Börsencrash zur Jahrtausendwende zuvor: Wenn Sie in Fonds investieren, sollten Sie nicht zu einem genau festgelegten Zeitpunkt wieder über Ihr Vermögen verfügen müssen. Es wäre ungünstig, wenn Sie zum Beispiel für eine dringende Reparatur am Haus oder einen anderen Notfall in Zeiten schlechter Kurse kurzfristig Ihr Fondsdepot auflösen müssten. Dann riskieren Sie Verluste, die Sie bei einer besseren Mischung Ihrer Geldanlagen hätten vermeiden können. Besser ist, wenn Sie ein zwischenzeitliches Börsentief aussitzen und mit dem Verkauf so lange warten können, bis sich die Lage am Markt verbessert hat.

• **Sparziel:** Vor dem Kauf sollten Sie zumindest ungefähr Ihr Sparziel festlegen: Wenn Sie etwa mit Aktienfonds ein bestimmtes Ergebnis erreicht haben, sollten Sie den Gewinn in Sicherheit bringen und dann überlegen, wie Sie weiter mit Ihrem Vermögen umgehen wollen.

Großes Potenzial

Anleger, die all diese Vorgaben beachten, können an Fonds viel Freude haben. Beispielsweise sind mit den besten Aktienfonds Welt jährliche Renditen zwischen 8 und 10 Prozent durchaus möglich. Mit einen Banksparplan oder einem Bundesschatzbrief wäre das nicht drin.

Zudem bietet das Fondsinvestment mehrere große Vorteile, die Sie nicht hätten, wenn Sie beispielsweise in einzelne Aktien oder Anleihen investieren: Im Fonds wird Ihre Anlage breit gestreut. Während Sie sich beim Kauf einzelner Aktien vielleicht nur Papiere von zwei oder drei Unternehmen leisten könnten, sind Sie als Aktienfondssparer an deutlich mehr Unternehmen beteiligt. Das heißt: Sie bekommen die Schwächen eines einzelnen Unternehmens nicht so heftig zu spüren. Das Risiko ist deutlich geringer als wenn Sie in einzelne Anlagen investieren würden.

Eine Fondseinlage ist bereits mit kleinen Summen möglich: Je nach Angebot reicht es meist schon, wenn Sie 50 Euro im Monat in Investmentfonds einzahlen. Würden Sie in einzelne Wertpapiere investieren, müssten Sie in der Regel deutlich mehr Geld auf den Tisch legen.

Und ein weiteres Plus: Sie müssen sich nicht selbst um die Auswahl guter und geeigneter Wertpapiere kümmern, sondern Sie können diese Aufgabe dem Fondsmanagement überlassen.

TIPP

Zwar kümmert sich der Fondsmanager um die Auswahl der Fonds. Dennoch sollten Sie das weitere Börsengeschehen beobachten, wenn Sie in Aktienfonds investiert haben. Es empfiehlt sich sogar, die Entwicklung der eigenen Fonds alle paar Monate unter die Lupe zu nehmen, um wenn nötig einen günstigen Moment für den Verkauf nicht zu verpassen.

Die einzelnen Fondsarten und ihre Besonderheiten

Hinsichtlich des Risikos, der Renditechancen und des Anlagehorizonts gibt es einige Unterschiede zwischen den verschiedenen Fondsarten.

Aktienfonds: Das Risiko stets im Hinterkopf behalten

Die besten Renditechancen unter den Fonds bieten Aktienfonds. Hier investiert der Fondsmanager in viele verschiedene Aktiengesellschaften. Möglich ist, dass das Geld in mehrere Hundert Aktientitel fließt, es kann aber auch sein, dass es vielleicht nur auf 25 verschiedene Anlagen verteilt wird.

Die Erträge der Fonds stammen zum einen aus Kursgewinnen der Aktien an der Börse und zum anderen aus Dividenden, die die Aktiengesellschaften ausschütten, wenn die Geschäfte gut laufen.

Laufen die Geschäfte einer oder mehrerer Aktiengesellschaften, in die ein Fonds investiert hat, hingegen schlecht, besteht zum einen die Gefahr, dass die Dividenden ausbleiben. Zum anderen sinkt womöglich auch die Nachfrage nach Aktien jener Unternehmen. Dementsprechend sinkt der Wert dieser Papiere. Dieses Minus lässt sich ausgleichen, wenn die Geschäfte bei anderen Unternehmen, deren Aktien ein Fonds gekauft hat, besser laufen. Doch bricht der ganze Markt ein, verlieren auch die Fondsanteile an Wert.

Wichtig: Investieren Sie nur Geld, das Sie tatsächlich übrig haben, denn das Verlustrisiko ist gegeben. Legen Sie deshalb hier kein Geld an, das Sie beispielsweise als Rücklage haben wollen, um in zehn Jahren mögliche Ausgaben für eine Pflegekraft begleichen zu können. Die Basis für so wichtige Ausgaben sollten Sie nicht aufs Spiel setzen!

Sicherer als Einzelaktien

Bei Fonds besteht zumindest die Chance, dass schlechte und gute Aktien im Fonds sich untereinander ausgleichen. Wer selbst einzelne Aktien kauft, bekommt eine schlechte

Geschäftslage „seines Unternehmens" sehr viel deutlicher zu spüren. Das Risiko von Verlusten ist wesentlich größer. Umso wichtiger ist es für die Anleger, die in einzelne Aktien investieren, selbst für eine Streuung zu sorgen und Aktien verschiedener Unternehmen zu kaufen.

Generell ist die Anlage in Einzelaktien im Rentenalter nur bei einer ausgesprochen festen Finanzdecke zu empfehlen, die ausreichend ist, um Anlageverluste problemlos verkraften zu können.

Auf die Ausrichtung achten

Um das Risiko Ihrer Geldanlage in Aktienfonds einzugrenzen, sollten Sie sich gerade im Ruhestand für breit streuende Angebote entscheiden. Wählen Sie Aktienfonds Welt oder Europa als Basis für Ihr Fondsdepot: Da das Fondsmanagement die Einlagen breit über Branchen und Länder verteilt, besteht eine gute Chance, dass sich der Wert der Anteile positiv entwickelt. Das Risiko von Wertschwankungen ist größer, wenn Sie sich für Fonds entscheiden, die etwa nur in Unternehmen bestimmter Länder oder Branchen investieren.

TIPP

Wenn Sie mehrere Aktienfonds besparen, sollten Sie am besten Fonds wählen, die unterschiedliche Strategien verfolgen. Das verbessert die Streuung und damit die Sicherheit. Am einfachsten erreichen Sie das, indem Sie Fonds unterschiedlicher Fondsgesellschaften kaufen.

Rentenfonds: Auf lange Sicht kaum Risiko

Deutlich sicherer als Aktienfonds sind Rentenfonds. Besonders Rentenfonds, die in Papiere aus dem Euro-Raum investieren, können für Rentner eine sinnvolle Geldanlage sein – als Ergänzung zu den sicheren Anlageprodukten von Bank und Bund.

Bei Rentenfonds investiert das Fondsmanagement nicht in Aktien, sondern in Anleihen (➔ Seite 72), die auch als Renten bezeichnet werden. Die Renditechancen sind bei diesen Fonds zwar geringer als bei Aktienfonds, doch auf lange Sicht haben Sie auch hier die Chance, Renditen zwischen 5 und 7 Prozent zu erzielen. Im Vergleich zu einzelnen Anleihen haben Sie bei einem Fonds auch hier die Gewissheit, dass Ihre Einlage breit gestreut wird.

Wichtig: Bei Rentenfonds sollten Sie – anders als bei Aktienfonds – keinen wählen, der seine Gelder weltweit streut, sondern auf Rentenfonds Euro setzen.

Bei Rentenfonds Euro besteht kein Risiko von Währungsschwankungen, das sich etwa bei auf Dollar lautenden Anleihen ergeben könnte. Das Management eines Rentenfonds Euro wird das Geld unter anderem in Anleihen investieren, die kreditwürdige Staaten wie Deutschland oder andere Länder in Euro herausgeben. Diese Investitionen werden dann zum Beispiel mit Pfandbriefen kombiniert.

Für den Erfolg des Fonds ist wichtig, dass das Management Anleihen unterschiedlicher Laufzeiten gut mischt. Sie können durchaus vom selben Herausgeber kommen.

Dachfonds: Selten eine gute Wahl

Eine besondere Gruppe unter den aktiv gemanagten Fonds bilden die Dachfonds: Anders als beispielsweise ein Aktien- oder Rentenfonds investiert das Management eines Dachfonds nicht in einzelne Wertpapiere, sondern in bestimmte Fonds.

Im Jahr 2008 warben viele Anbieter mit der Möglichkeit, über einen Dachfonds der Abgeltungsteuer zu entgehen. Aber: Für Kursgewinne, die Anleger mit diesen Fonds erzielen, wird wie bei jedem anderen Fonds Abgeltungsteuer fällig, wenn die Anteile nach 2008 angeschafft wurden. Zwar kann das Dachfonds-Management innerhalb des Fonds – wie bei Aktien-, Renten- und Mischfonds auch – steuerfrei agieren, doch der Anleger entgeht der Steuer nicht.

Wichtig: Lassen Sie sich von einer beworbenen Steuerersparnis nicht unbedacht dazu verleiten, unbedingt noch bis Ende 2008 Dachfonds zu kaufen: Dachfonds haben auch Nachteile – so können Sie nicht selbst die Fondsauswahl bestimmen, sondern müssen sich auf das verlassen, was die Manager des Dachfonds entscheiden. Zudem sind die Kosten höher. Wenn Sie die Wahl haben zwischen einem guten Einzelfonds und einem mittelmäßigen Dachfonds, ist es besser den Einzelfonds zu wählen.

Zinsen und Kurssteigerungen

Anleger profitieren bei Rentenfonds zum einen von Zinszahlungen für die Anleihen im Fonds. Zum anderen haben sie die Chance auf Kursgewinne. Doch Vorsicht: Auch bei Rentenfonds kann es zu Kursverlusten kommen.

Die Kursentwicklung bei Rentenfonds hängt vom allgemeinen Zinssatz am Markt ab. Steigt der Zins am Markt, sinkt der Wert der Fondsanteile. Sinkt der allgemeine Zinssatz, steigt der Wert der Fondsanteile. Ein Minus ist also möglich, allerdings ist das Risiko um einiges geringer als bei Aktienfonds. Rentenfonds Euro geraten nur selten ins Minus, und wenn, sind sie meist nach einem Jahr wieder aus den roten Zahlen heraus.

Wichtig: Achten Sie deshalb auch bei Rentenfonds darauf, dass Sie finanziell so flexibel bleiben, dass Sie Fondsanteile nicht zu einem bestimmten Zeitpunkt verkaufen müssen, um wieder flüssig zu sein.

Mischfonds: Von beidem etwas

Wenn Ihnen ein Aktienfonds zu riskant ist, ein Rentenfonds Ihnen zu wenig Rendite verspricht, haben Sie noch eine Alternative: einen Fonds, bei dem das Management sowohl in Aktien als auch in Anleihen investiert. Je nachdem wie hoch der Aktienanteil ist, sind Mischfonds eher offensiv, eher defensiv oder ausgewogen ausgerichtet. Bei offensiven Mischfonds überwiegt der Aktienanteil, bei defensiven der Rentenanteil. Mit der Höhe des Aktienanteils steigt auch das Risiko. Gerade für diejenigen, die nur einen Fonds besparen wollen oder können, ist der Mischfonds eine bequeme Lösung.

Bei der Zusammenstellung des Mischfonds hat das Management nicht vollkommen freie Hand. Häufig ist beispielsweise vorgegeben, wie hoch der Aktien- und wie hoch der Anleihenanteil insgesamt sein

TIPP

Wenn Sie die finanzielle Möglichkeit haben, mindestens zwei Fonds zu besparen, sollten Sie besser einen breit streuenden Aktienfonds Welt oder Europa und einen Rentenfonds Euro besparen als einen Mischfonds. Dann können Sie das Mischungsverhältnis selbst steuern und sich die besten Fonds aus beiden Gruppen aussuchen.

darf. Für die Anleger bedeuten diese Vorgaben eine gewisse Sicherheit: Sie können leichter abschätzen, welches Risiko sie mit ihrer Investition eingehen. Diese Vorgaben können aber auch zum Nachteil werden: Geht es an der Börse bergab, können die Fondsverantwortlichen das Anlagevermögen nicht einfach komplett in sichere Anleihen stecken, sondern müssen trotzdem einen gewissen Aktienanteil vorweisen. Schauen Sie im Fondsprospekt nach: Dort müssen die Informationen über die Ausrichtung des Mischfonds vermerkt sein.

Geldmarktfonds: Ein Zwischenparkplatz

Während Renten- und Aktienfonds eher mittel- bis langfristig ausgerichtet sind, stehen Geldmarktfonds für die kurzfristige Geldanlage. Wollen Sie für eine kurze Zeit Geld anlegen, auf das Sie problemlos zurückgreifen können, um es zum Beispiel bei veränderter Marktlage in andere Fonds zu investieren, können Geldmarktfonds eine Alternative zu Tages- oder Festgeld sein.

Diese Fonds investieren das Geld der Anleger in kurz laufende Zinspapiere, die normalerweise Laufzeiten von bis zu einem Jahr haben. Die Fonds sind in der Regel zwar sicher, doch die Chance auf hohe Erträge ist verglichen mit anderen Investmentfonds gering. Im Sommer 2008 haben allerdings mehrere Geldmarktfonds Verluste eingefahren. Vorsicht ist geboten, wenn der Fonds zum Beispiel ein „Plus“ im Namen hat. Dann könnte er riskante Papiere enthalten.

TIPP

Entscheiden Sie sich nur für Geldmarktfonds, bei denen kein Ausgabeaufschlag fällig wird. Günstig ist außerdem, einen Geldmarktfonds dort zu kaufen, wo Sie bereits ein Depot haben. So können Sie weitere Kosten vermeiden.

Offene Immobilienfonds: Nichts für kurze Zeit

Offene Immobilienfonds gelten als genauso sicher wie Rentenfonds und deutlich sicherer als Aktienfonds. Dennoch sollten Sie offene Immobilienfonds nicht als Alternative zu Rentenfonds wählen, sondern allenfalls als Beimischung für

Ihr Depot, denn hier hängen Sie ganz besonders vom Wohl und Wehe einer bestimmten Branche ab.

Bei offenen Immobilienfonds legt das Fondsmanagement die Kundengelder überwiegend in große Bürogebäude, Hotels oder Einkaufszentren an. Wohnungen sind in der Regel nicht dabei.

Mit diesen Fonds können Anleger durchschnittlich Renditen zwischen 3 und 5 Prozent erzielen. Da der Ausgabeaufschlag, den eine Bank für den Kauf kassiert, ähnlich hoch ist wie bei Aktienfonds, sollten Sie eine lange Anlagedauer einplanen, wenn Sie in offene Immobilienfonds investieren, um trotz aller Gebühren zumindest noch eine einigermaßen ansehnliche Rendite erzielen zu können. Hinzu kommt, dass diese Fonds allein aufgrund ihrer Ausstattung eher auf einen langen Anlagehorizont ausgerichtet sind. Das sollten Sie bedenken und bei kurz- bis mittelfristigen Anlageplänen eher auf flexiblere Produkte setzen.

Das gilt, obwohl Anleger die Anteile an einem offenen Immobilienfonds täglich kaufen oder wieder verkaufen können. Um die Investoren wenn nötig auszahlen zu können, liegt ein Teil des eingezahlten Fondsvermögens in kurzfristigen Zinspapieren. Trotzdem kann es passieren, dass ein Anleger, der kurzfristig aussteigen will, dies nicht kann: Wenn viele Anleger ihre Anteile auf einmal zurückgeben wollen und das kurzfristig verfügbare Vermögen nicht reicht, können die Fonds vorübergehend geschlossen werden. Dann müssen die Anleger warten, bis der Fonds Immobilien verkauft und danach wieder flüssig ist.

Indexfonds: Der bequemere Weg

Bei den bisher vorgestellten aktiv gemanagten Fonds wählt das Fondsmanagement aktiv aus, welche Anlagen es aus dem Fondsvermögen kauft. Anders ist das bei Indexfonds: Bei diesen Produkten bilden die Fondsmanager einen Index nach – zum Beispiel den deutschen Aktienindex Dax, in dem die 30 größten deutschen Unternehmen gelistet sind. Der Index gibt somit vor, in welche Papiere investiert wird.

Je nachdem wie sich der Index entwickelt, schneidet auch der Fonds ab. Es ist nicht möglich, besser als der abgebildete Markt dazustehen. Mit einem guten aktiv gemanagten Aktienfonds können Sie besser abschneiden als beispielsweise der Dax. Allerdings ist die rechnerische Chance, einen guten Fonds herauszupicken geringer als einen schlechten Fonds zu erwischen. Mit dem Indexfonds bleiben Sie auf Marktniveau. Den richtig guten aktiv gemanagten Fonds können die Indexfonds allerdings nicht annähernd das Wasser reichen.

Anleger, die Indexfonds über ihre Bank von der Fondsgesellschaft beziehen, müssen in der Regel einen Ausgabeaufschlag zahlen. Es gibt aber auch „börsengehandelte Indexfonds". Diese Fonds – sie tragen den Namen Exchange Traded Funds (ETF) – werden immer wichtiger, immer mehr Produkte kommen auf den Markt. Versuchen Sie, Indexfonds über die Börse zu kaufen. Das ist günstiger, denn die anfallenden Börsenspesen sind in der Regel niedriger als der Ausgabeaufschlag, den die Bank für den Vertrieb im Auftrag einer Fondsgesellschaft kassiert. Nur bei geringen Anlagebeträgen können die Mindestordergebühren zu stark ins Gewicht fallen.

TIPP

ETF werden an der Börse gehandelt und sind über jede Bank zu beziehen. Lassen Sie sich also nicht abweisen, falls Ihnen eine Bank keine ETF verkaufen möchte. Banken verdienen an ETF wenig und haben daher kein gesteigertes Interesse an dem Geschäft.

Verschiedene Indizes für verschiedene Märkte

Indexfonds können ganz unterschiedliche Indizes und damit auch ganz unterschiedliche Märkte abbilden.

Ein Fonds auf den Dax bildet die Standardwerte des deutschen Aktienmarktes ab und entwickelt sich parallel zu den größten deutschen Unternehmen. Aktienindexfonds auf den Dax sind jedoch recht riskant, da er ausschließlich deutsche Unternehmen beinhaltet.

Wichtig: Wie bei den aktiv gemanagten Aktienfonds ist es auch bei den Aktienindexfonds sicherer, einen breit streuenden zu wählen, der nicht nur Aktien von Unternehmen eines Landes kauft.

Infrage kommen dafür Produkte, die einen internationalen Index abbilden: Für den Aktienmarkt in Europa wäre das zum Beispiel der Index DJ Stoxx 600.

Neben Indexfonds auf Aktienmärkte gibt es auch Indexfonds auf Rentenmärkte. Bei Rentenfonds ist es besonders schwer für aktive Manager, besser als der Index abzuschneiden. Deshalb sind Rentenindexfonds eine lohnende Alternative zu aktiv gemanagten Rentenfonds. Geeignet ist zum Beispiel ein Fonds, der sich auf einen deutschen Staatsanleihen-Index bezieht. Auch hier gilt: Der Kauf über die Börse dürfte günstiger sein als der Kauf über die Fondsgesellschaft.

INFOS: Weitere Informationen zu Indexfonds finden Sie unter www.boerse-frankfurt.com.

Wo gibt es Fonds?

Die Fondsgesellschaften bieten ihre aktiv gemanagten Fonds entweder selbst oder über Banken und Fondsvermittler an. Möglich ist auch der direkte Kauf über die Börse.

Wer sich für Investmentfonds interessiert, kann sich erst einmal an die eigene Hausbank wenden. Das ist sicherlich der einfachste und bequemste Weg. Doch es gibt günstigere Möglichkeiten. Ist der Anleger bereit, auf eine umfassende Beratung zu verzichten, sich vorab selbst über das Fondsangebot genauer zu informieren und hat er auch kein Problem damit, seine Geschäfte über das Internet oder telefonisch bei einer Direktbank oder einem Discountbroker zu tätigen, kann er bei den Gebühren einiges an Geld sparen.

Mit Gebühren rechnen

Mit dem Fondsinvestment sind verschiedene Kosten und Gebühren verbunden. Die wichtigsten davon sind die folgenden:

- **Ausgabeaufschlag:** Diese Ausgabe soll Vertriebskosten decken und wird beispielsweise von Ihrer Hausbank dafür kassiert, dass sie Ihnen im Auftrag der Fondsgesellschaft die Fondsanteile verkauft. Bei Rentenfonds werden meist 3 Prozent Ausgabeaufschlag fällig, bei Aktienfonds sind 5 Prozent üblich. Wenn Sie bei einer Direktbank kaufen, können Sie häufig den Ausgabeaufschlag sparen.

INFOS: Die günstigsten Konditionen beim Fondskauf bieten häufig freie Fondsvermittler im Internet. Adressen von Fondsvermittlern finden Sie auf Seite 150.

- **Spesen:** Alternativ können Sie Ihre Bank beauftragen, Fondsanteile nicht bei der Fondsgesellschaft zu erwerben, sondern die Fonds über die Börse zu kaufen. Die Kaufspesen, die dann fällig sind, können bei großen Anlagesummen niedriger sein als der sonst fällige Ausgabeaufschlag. Wenn Sie dem Bankmitarbeiter allerdings keinen entsprechenden Auftrag erteilen, wird er üblicherweise Fondsanteile bei der Fondsgesellschaft erwerben.
- **Depotpreise:** Für Investmentfonds benötigen Sie ein Depot bei einer Bank. Häufig müssen Sie dafür extra zahlen. Auch hier können Sie unter Umständen sparen, wenn Sie Fonds nicht bei einer Filialbank, sondern bei einer Direktbank oder einem Fondsvermittler kaufen.
- **Wechselgebühren:** Wenn Sie einen anderen Fonds erwerben, können wieder Kaufkosten fällig werden, selbst wenn es sich um einen Fonds derselben Gesellschaft handelt. Je häufiger Sie Ihre Fonds wechseln, desto mehr fallen die Gebühren ins Gewicht.

Der Gang zur eigenen Filialbank kann also den Fondskauf im Vergleich zur Direktbank oder einem freien Fondsvermittler deutlich verteuern. Außerdem bietet die Hausbank häufig nur Fonds ihrer eigenen Gesellschaft an.

Wichtig: Dennoch gilt, wenn Sie Wert auf eine umfangreiche Beratung legen oder einfach aufgrund fehlenden Wissens Hilfe beim Fondskauf benötigen, sollten Sie sich durch höhere Gebühren „Ihrer Bank" nicht schrecken lassen – insbesondere, wenn Sie dort bisher gute Erfahrungen gemacht haben. Versuchen Sie aber, über einen Rabatt beim Ausgabeaufschlag zu verhandeln.

Was Sie selbst tun können

Auch wenn Sie sich vor dem Fondskauf beraten lassen, kann es nicht schaden, wenn Sie sich auch selbst informieren. Es gibt zwar keine Garantie dafür, dass ein Fonds, der in der Vergangenheit immer überdurchschnittlich war, dies auch in der Zukunft sein wird, aber die Wahrscheinlichkeit, dass Sie aufs falsche Pferd setzen, ist wesentlich geringer. Es ist ähnlich wie beim Sport: Ein Team, das in der Bundesliga spielt, wird wahrscheinlich nicht so schnell in der Kreisklasse landen. Hier helfen Experten, die Ranglisten erstellen, wie die Stiftung Warentest. Sie beobachtet Fonds über fünf Jahre hinweg und bewertet ihr Abschneiden.

Prüfen Sie auch, wie der angebotene Fonds im Vergleich zum jeweiligen Markt abschneidet, in den er investiert. Wie hat sich etwa ein Aktienfonds, der in deutsche Aktiengesellschaften investiert, im Vergleich zum Dax entwickelt? Wenn Sie sich für einen oder mehrere Fonds entschieden haben, sollten Sie ein- bis zweimal im Jahr nachsehen, wie Ihre Fonds im Vergleich zu anderen Angeboten dastehen und ob nicht doch Handlungsbedarf besteht.

INFOS: Die Fondsbewertungen der Stiftung Warentest finden Sie unter www.test.de und in jedem Finanztest-Heft.

Ein wenig Luxus zusätzlich: Die Rente aus Fonds

Eine besondere Zusatzrente für den kleinen Luxus nebenbei können Sie erzielen, wenn Sie in Fonds investiert haben und in regelmäßigen Abständen Fondsanteile verkaufen. Für solche Fondsentnahmepläne eignen sich Euro-Rentenfonds, Mischfonds und gute Aktienfonds Welt, Europa oder Euroland. Fonds, die in regionale Märkte oder einzelne Branchen investieren, sollten Sie hier meiden.

Für die Grundversorgung im Alter ist ein Fondsentnahmeplan zu riskant, denn eine Garantie für ein erfolgreiches Investment ohne Verluste gibt es selbst bei Rentenfonds nicht. Fehlt die finanzielle Reserve, ist insbesondere bei einem Entnahmeplan mit Aktienfonds die Gefahr einfach zu groß, innerhalb weniger Jahre seine Einlage zu verlieren und mittellos dazustehen. Für einen solchen Entnahmeplan sollten Sie sich nur entscheiden, wenn Ihre regelmäßigen Einnahmen höher als die Ausgaben sind.

Wichtig: Doch auch für wohlhabende Senioren gilt: Machen Sie sich nicht komplett von der Situation an den Börsen abhängig und stecken Sie nicht Ihr gesamtes freies Kapital in Investmentfonds!

Entnahmeangebote der Fondsgesellschaften

Entnahmepläne werden zum Teil direkt von den Fondsgesellschaften angeboten. Das Vermögen des Sparers wandert dann in ein Fondsdepot und daraus wird eine vorher festgelegte Rate regelmäßig ausgezahlt.

Wie bei Auszahlplänen der Bank haben Sie die Wahl, sich entweder Ihr Vermögen samt Erträgen komplett auszahlen zu lassen (mit Kapitalverzehr) oder nur die jeweiligen Erträge (Auszahlung ohne Kapitalverzehr).

Häufig wird eine Mindestanlagesumme verlangt – zum Beispiel 15 000 Euro. Nachteil eines festen Entnahmeplans ist, dass das Fondsmanagement womöglich zu bestimmten Zeiten bei schlechter Marktlage mehr Fondsanteile verkaufen muss als erwartet, um die gewünschte Rate zu erzielen. Das kann dazu führen, dass das Kapital schneller aufgezehrt ist als erhofft.

Flexibel agieren: Die Entnahme selbst gestalten

Anleger, die sich für eine Fondsentnahme interessieren, können sich deutlich besser auf die Marktlage einstellen, wenn sie sich ihren eigenen Entnahmeplan zusammenstellen. Auch dabei bleibt ihnen die Wahl, ob sie nur von den Erträgen aus ihren Investments zehren wollen und das eigentliche Vermögen erhalten oder ob sie ihr gesamtes Depotvermögen im Laufe der Zeit aufbrauchen wollen.

Ganz gleich, welche Variante Sie wählen: Auf den ersten Blick erscheint es als das Einfachste, wie beim Entnahmeplan einer Fondsgesellschaft auch jeden Monat so viele Fondsanteile zu verkaufen, dass Ihnen immer eine vorher angedachte, zusätzliche Summe zur Verfügung steht. Je nach Markt- und Fondslage müssten Sie dann mal mehr, mal weniger Fondsanteile verkaufen, um die gewünschte Zusatzrente zu erhalten.

Das klingt einfach, doch die günstigste Lösung ist dies nicht. Besser wäre, wenn Sie als Anleger in manchen Monaten – wenn die Kurse schlecht stehen – auch einmal auf die regelmäßige Auszahlung verzichten können und erst zu einem günstigeren Zeitpunkt wieder aktiv werden. So vermeiden Sie unnötige Verluste.

Deshalb ist es unbedingt sinnvoll, die Fondsentnahme mit sicheren Produkten zu kombinieren. Zum einen können Sie so kurzfristig entstehende Löcher stopfen, ohne gleich Ihr Fondsvermögen angreifen zu müssen. Zum anderen haben Sie die Möglichkeit, Ihre Investments weiter für Sie arbeiten zu lassen und trotzdem die gewünschte Zusatzrente zu beziehen.

Beispiel: Fritz Faber hat 50 000 Euro in mehrere Aktienfonds Welt investiert. Parallel führt er ein Tagesgeldkonto. Wenn die Aktienkurse gut stehen, verkauft er so viele Fondsanteile, dass es in den nächsten zwölf Monaten jeweils für seine erhoffte Zusatzrente reicht. Den Erlös packt er auf sein Tagesgeldkonto, sodass er sich in den gewünschten Abständen von dem Geld bedienen kann. Das restliche Vermögen hat dann wiederum ein Jahr – oder je nach Börsenlage etwas mehr oder weniger – Zeit höhere Renditen zu erwirtschaften.

Fritz Faber sollte auf jeden Fall darauf achten, dass die Fondsentnahme, aus der die regelmäßige Rente fließen soll, sicher angelegt ist und er über das Geld problemlos verfügen kann. Dafür sind ein Tagesgeldkonto oder die Tagesanleihe ideal.

Steuercheck: Fonds

Für alle ab 2009 erworbenen Fondsanteile gibt es die entscheidende Änderung im Umgang mit dem Finanzamt: Die Gewinne aus Wertpapierverkäufen werden steuerpflichtig – ganz gleich, wie lange die Papiere im Depot gehalten wurden. Neu ist außerdem, dass es das bisherige Halbeinkünfteverfahren nicht mehr gibt: Damit zählen Dividenden, Zinsen und Kursgewinne komplett beim Finanzamt mit. Um den Abzug der Steuer kümmert sich die depotführende Stelle. Das kann die Fondsgesellschaft sein, wenn der Anleger dort sein Depot führt, oder seine Bank.

Fondsanleger sollten außerdem ihre bestehenden Freistellungsaufträge überprüfen und sie gegebenenfalls neu verteilen. Da künftig auch Kursgewinne den Freibetrag belasten, kann er schneller ausgeschöpft sein als bisher. Die Freistellungsaufträge können künftig nur noch pro Bank erteilt werden und sind nicht mehr für einzelne Geldanlagen möglich.

Vorteil mit dem Zweitdepot

Sinnvoll ist außerdem ein Zweitdepot, um die Geschäfte bis Jahresende problemlos von denen ab 2009 trennen zu können: das bestehende Depot für die vor 2009 gekauften steuerfreien Anteile und das zusätzliche Depot für die ab 2009 gekauften abgeltungsteuerpflichtigen Anteile.

Anleger, die bei einer großen Fondsgesellschaft einen Sparplan haben, bekommen für die Einzahlungen ab 2009 in der Regel automatisch eine kostenloses Unterdepot mit einer neuen Nummer. Wenn Sie von der Fondsgesellschaft keine entsprechende Nachricht erhalten, fragen Sie früh genug nach. Für Einmalzahlungen reicht es, wenn Sie bei der ersten Transaktion 2009 ein Zweitdepot einrichten.

Verzichten Anleger auf das Zweitdepot, riskieren sie steuerliche Nachteile, die bei einem späteren Verkauf der Anteile entstehen können, wie das folgende Beispiel zeigt:

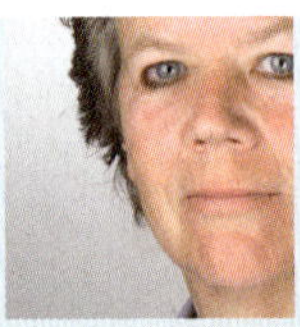

Beispiel: Johanna Jürgensen erwirbt im Dezember 2008 Fondsanteile und kauft im Januar 2009 noch weitere Anteile hinzu. Eigentlich will sie die Papiere langfristig halten, doch im Juli 2009 benötigt sie dringend Geld und verkauft einen Teil der Anteile. Wenn sie nur ein Depot hat, geht das Finanzamt davon aus, dass die Ende 2008 gekauften Anteile auch als erstes wieder verkauft wurden – die einjährige Spekulationsfrist wird nicht eingehalten, vorbei ist es mit der Steuerfreiheit für die Kursgewinne. Bei zwei Depots könnte sie problemlos die Anteile zuerst verkaufen, die sie erst 2009 erworben hat. Für Kursgewinne aus diesen Papieren wird ohnehin Abgeltungsteuer fällig. Die älteren Anteile bleiben hingegen unangetastet.

Zertifikate: Alternative zu Fonds?

Die Wahrscheinlichkeit ist groß, dass Ihnen bei der Suche nach möglichen Geldanlageprodukten in Ihrer Bank Zertifikate angeboten werden. Der Markt für diese Anlagen ist in den vergangenen Jahren stark gewachsen, sodass sich Zertifikate zu einer großen Konkurrenz für die Investmentfonds entwickelt haben.

Auch wenn Sie schon im Rentenalter sind, können diese Papiere noch von Interesse für Sie sein. Sie sollten jedoch in Zertifikate kein Geld investieren, das Sie für Ihre Basisversorgung benötigen. Sie brauchen ausreichend regelmäßige sichere Einnahmen, denn in Zeiten der Bankenkrise zeigte sich mehrfach, dass enorme Verluste möglich sind.

Wichtig: Zertifikate sind sehr komplizierte Produkte und nichts für Börsenneulinge oder bequeme Anleger: Bevor Sie Zertifikate kaufen, sollten Sie sich viel Zeit nehmen und sich darüber schlau machen, wie diese Papiere funktionieren und wie sich die Märkte, in die Sie investieren, verhalten. Stecken Sie Ihr Geld nur in solche Produkte, die Sie verstehen!

Wie funktionieren Zertifikate?

Zertifikate sind Produkte, die sich auf die Kursentwicklung anderer Anlageobjekte beziehen – den sogenannten Basiswert. Als Basiswert kommen zum Beispiel bestimmte Aktien infrage oder auch ein Aktienindex (➔ Indexfonds, Seite 86). Möglich sind auch Zertifikate auf andere Produkte, zum Beispiel auf Rohstoffe wie Öl oder Gold. Ob die Inhaber eines Zertifikates Gewinne oder Verluste machen, hängt davon ab, wie sich der jeweilige Basiswert entwickelt.

Rechtlich gesehen sind Zertifikate Schuldverschreibungen wie Anleihen. Wie bei einer Anleihe sollten sich Anleger daher sehr genau über die Kreditwürdigkeit des Herausgebers informieren (➔ Seite 76). Denn sollte dieser in Zahlungsschwierigkeiten geraten, ist auch die Rückzahlung des Zertifikates gefährdet. Aus diesem Grund sind Zertifikate generell nicht unbedingt für die langfristige Geldanlage geeignet.

TIPP

Um das Ausfallrisiko bei Zertifikaten durch eine mögliche Bankenpleite zu senken, ist es sinnvoll, nicht eine größere Summe bei einer einzigen Bank zu investieren, sondern das Risiko auf viele verschiedene Herausgeber zu verteilen.

Kauf bei der Bank

Zertifikate werden von Banken herausgegeben (emittiert). Allerdings gibt es die Papiere grundsätzlich nicht nur beim Emittenten selbst, sondern Sie können sie auch bei anderen Kreditinstituten erwerben. Bei den Emittenten handelt es sich meist um große Banken mit guter Kreditwürdigkeit. Dennoch ist es nicht auszuschließen, dass eine Bank Pleite macht, wie Anleger erfahren mussten, die Zertifikate der amerikanischen Bank Lehman Brothers gekauft hatten, die im Herbst 2008 insolvent wurde.

Zertifikate in verschiedenen Variationen

Die Banken bieten Zertifikate in den unterschiedlichsten Varianten an. Für Ihre Geldanlage im Ruhestand können unter Umständen folgende Varianten interessant sein:

Indexzertifikate: Es gibt nicht nur Fonds, die einen Index wie den Dax nachbilden (➔ Seite 87), sondern auch Zertifikate. Der Erfolg eines solchen Papiers hängt davon ab, wie sich der entsprechende Index entwickelt: Steigt zum Beispiel der deutsche Aktienindex Dax an, steigt auch der Wert eines Indexzertifikats, das darauf ausgerichtet ist. Büßt der Dax hingegen an Punkten ein, verliert auch das Zertifikat in gleichem Maß an Wert. Am Ende der Laufzeit erhält der Anleger nicht (wie bei einer Anleihe) einen vorab festgelegten Betrag zurück, sondern den Betrag, der dem Punktestand des Dax zu diesem Zeitpunkt entspricht. Indexzertifikate verhalten sich in diesem Punkt also ähnlich wie Indexfonds. Auch hier sollten Sie keine Produkte wählen, die sich auf einen Länderindex wie den Dax beziehen, sondern auf breit streuende Indizes (Welt oder Europa) setzen.

Wichtig: Indexzertifikate haben einige Nachteile gegenüber Indexfonds, die Sie beachten sollten. So beziehen sich viele Zertifikate auf einen Kursindex, bei dem Dividendenzahlungen nicht berücksichtigt werden. Das kann pro Jahr durchaus zwei bis drei Prozentpunkte Rendite gegenüber einem Indexfonds kosten. Fragen Sie deshalb bei Ihrer Bank ausdrücklich nach Indexzertifikaten auf Performance-Indizes. Bei Performance-Indizes sind die Dividenden berücksichtigt.

Ein weiterer Nachteil gegenüber Indexfonds: Das in Zertifikate investierte Geld ist (wie oben beschrieben) anders als bei Fonds kein Sondervermögen. Wird der Zertifikate-Herausgeber insolvent, bekommt der Anleger sein Geld womöglich gar nicht oder nur zum Teil zurück.

Discountzertifikate: Anleger, die sich für ein solches Produkt entscheiden, kaufen eine Aktie, einen Aktienindex oder Rohstoffe mit Rabatt: Wenn Sie in die entsprechenden Märkte direkt investiert hätten, wäre der Preis höher gewesen. Angenommen, der Dax hat einen Stand von 6 500 Punkten. Ein Zertifikat, das den Dax im Verhältnis 100:1 abbildet, hätte demnach 65 Euro gekostet. Möglicherweise finden Sie ein Discountzertifikat auf den Dax, das 58 Euro kostet. Dieser Rabatt von 7 Euro dient dann als Risikopuffer. Sollte der Dax bis zur Fälligkeit des Papiers nicht unter 5 800 Punkte fallen, bekommt der Besitzer des Zertifikats seinen Einsatz wieder. Im Gegenzug verzichtet er auf die Chance von Kursanstiegen zu profitieren, sobald eine jeweils festgelegte Obergrenze überschritten wird.

Bonuszertifikate: Sie bieten dem Anleger eine besondere Bonusleistung, wenn sich der Basiswert wie etwa ein bestimmter Korb von Aktien oder Rohstoffen in einem vorab festgelegten Bereich entwickelt. Es wird also eine Bandbreite vorgegeben, innerhalb derer der Basiswert bleiben muss. Wird die Untergrenze unterschritten oder die Obergrenze überschritten, entfällt die Bonuszahlung. Erfolgverspre-

INFOS: Zusätzliche Informationen zu Zertifikaten finden Sie beim Deutschen Derivate Verband: www.deutscher-derivate-verband.de.

chend ist ein solches Investment daher vor allem in Zeiten, in denen die Märkte sich ohne allzu große Schwankungen seitwärts bewegen. Je nach Marktlage und -entwicklung sind aber auch Verluste möglich.

Längst nicht alles ist im Ruhestand geeignet

Es gibt zahlreiche weitere Varianten von Zertifikaten, die aber für Ruheständler nicht empfehlenswert sind – entweder sie sind zu riskant oder sie rentieren sich nicht. Dazu gehören zum Beispiel Hebel- und Garantiezertifikate.

Hebelzertifikate sind sehr riskant: Bei diesen Papieren können Anleger die Renditen des Basiswerts um einen bestimmten Faktor (Hebel) steigern. Doch genau diese Chance kann zu einem großen Problem werden, denn bei Verlusten wirkt dieser Hebel in genau demselben Verhältnis. Also werden auch Verluste multipliziert.

Bei Garantiezertifikaten hingegen ist zwar das Verlustrisiko eingedämmt, aber diese Papiere sind wenig rentabel: Hier erhält der Anleger am Ende der Laufzeit einen vorher festgelegten Mindestpreis zurück – ganz gleich, wie sich der Basiswert des Zertifikats entwickelt hat. Das bedeutet zwar eine gewisse Sicherheit, doch gleichzeitig verzichten Sparer auf die vollen Renditechancen.

Steuercheck: Zertifikate

Viele Anleger, die in Zertifikate investieren wollen oder bereits investiert haben, müssen in Zukunft mit der Abgeltungsteuer rechnen. Auch für Kursgewinne aus dem Verkauf von Zertifikaten wird die neue Steuer von 25 Prozent fällig.

Je nachdem wann die Papiere gekauft werden und wurden, gibt es allerdings einige Besonderheiten zu beachten: Zu unterscheiden sind die folgenden drei Gruppen:

Altbestand: Für Zertifikate, die bis einschließlich 14. März 2007 gekauft wurden, gilt in den meisten Fällen: Wenn Anleger diese Papiere mindestens ein Jahr gehalten haben, sind und bleiben die Gewinne steuerfrei.

Eine Ausnahme bilden hier die Garantiezertifikate, die als Finanzinnovation gelten. Das bedeutet, dass die Kursgewinne unabhängig von der Haltedauer grundsätzlich mit dem persönlichen Steuersatz zu versteuern sind.

Papiere in der Übergangsphase: Um zu verhindern, dass Banken und Investmentgesellschaften zur Umgehung der Abgeltungsteuer bestimmte Zertifikatkonstruktionen entwickeln, hat der Gesetzgeber eine Übergangsphase geschaffen: Kursgewinne aus Zertifikaten, die nach dem 14. März 2007 erworben wurden, sind nur steuerfrei, wenn die Papiere mindestens ein Jahr gehalten wurden und spätestens bis zum 30. Juni 2009 wieder verkauft werden.

Neuerwerbungen: Für Papiere, die die Vorgaben der Übergangsphase nicht erfüllen, und für alle Zertifikate, die ab 2009 angeschafft werden, gilt die Abgeltungsteuer. Sobald der neue Sparerpauschbetrag von 801/1 602 Euro (Alleinstehende/Ehepaare) im Jahr überschritten ist, werden die Kursgewinne steuerpflichtig – unabhängig davon, wie lange die Papiere im Depot gehalten wurden.

Der Weg zum passenden Vertrag

Die bereits vorgestellten Produkte sind diejenigen, die für eine Geldanlage im Alter infrage kommen können. Doch das Anlageangebot reicht deutlich weiter. Werden Sie hellhörig, wenn Ihnen „etwas ganz Besonderes“ geboten wird.

Vorsicht bei besonderen Versprechungen!

Überdurchschnittliche Renditen, absolute Sicherheit, Steuervorteile, eine bequeme Geldanlage – und das womöglich alles in einem Produkt? So verlockend das klingen mag: Irgendwo werden Sie Abstriche machen müssen! Denn es widerspricht den Grundregeln der Geldanlage, in einem Produkt all diese Vorteile vereint zu finden. Das zeigen auch die folgenden Beispiele:

Unternehmensbeteiligungen: Ein angepriesenes Steuerschnäppchen kann sich als riskante Unternehmensbeteiligung entpuppen. Denn beispielsweise wird für zahlreiche geschlossene Fonds keine Abgeltungsteuer fällig.

In der Erwartung, für die Verkaufsgewinne Steuern zu sparen, binden sich viele Kunden dann beispielsweise langfristig an einen geschlossenen Immobilien- oder Schiffsfonds, bei dem ein vorzeitiger Vertragsausstieg anders als bei offenen Immobilienfonds kaum möglich ist. Wer trotzdem kündigt oder seine Anteile am Zweitmarkt verkauft, muss zum Teil hohe Verluste hinnehmen.

Unsichere Erträge und meist hohe Nebenkosten kennzeichnen solche Fonds, die nur in wenige Objekte investieren. Als Mitunternehmer ist der Anleger dann nicht nur an den Gewinnen beteiligt, sondern muss auch für Verluste haften – zu unsicher für die Geldanlage im Ruhestand.

Hochzinsanleihen: Diese Papiere bringen – gemessen am allgemeinen Zinsniveau – überdurchschnittlich hohe Renditen. Allerdings ist diese Renditechance mit einem unkalkulierbaren Risiko verbunden: Denn es besteht die Gefahr, dass die Herausgeber dieser Anleihen während der Laufzeit Konkurs anmelden müssen und dann weder Zinsen zahlen noch am Ende der Laufzeit ihre Anleihen tilgen können.

Um Abnehmer für diese Papiere zu finden, müssen die Herausgeber mit vergleichsweise schlechter Bonität höhere Zinsen bieten als besser bewertete Emittenten – nichts für sicherheitsbewusste Anleger.

Zinsstruktur-Anleihen: Was als vielversprechendes, sicheres Zinsprodukt angepriesen wird, kann sich bei näherem Hinsehen als komplizierte Zinsstruktur-Anleihe entpuppen, bei der der Anleger nur im ersten Jahr den versprochenen hohen Zinssatz erhält, während dieser in den Folgejahren aufgrund komplizierter Berechnungen womöglich sogar gegen Null sinkt. Diese Produkte sind in der Regel nicht empfehlenswert.

Sich richtig beraten lassen

Bei der Angebotsvielfalt und den zum Teil nur schwer zu verstehenden Produkten besteht die Gefahr, dass gerade diejenigen, die wenig Erfahrung mit Anlagegeschäften haben, nicht das Anlageprodukt finden oder angeboten bekommen, das sie sich wünschen. Oder nicht das geboten bekommen, was gut für sie wäre.

Um Fehlinvestitionen und spätere Ernüchterung zu vermeiden, sollten Sie sich gut vorbereiten, wenn Sie zum Beispiel zu einer Anlageberatung Ihrer Bank gehen. Hier ein paar Hinweise zum Vorgehen:

- **Plan:** Selbst wenn Sie sich bei den einzelnen Produktarten nicht gut auskennen: Überlegen Sie sich vor einem Beratungsgespräch zumindest grob, in welche Richtung Sie wollen – zum Beispiel, ob Sie auf jeden Fall Risiken bei der Anlage vermeiden möchten und für wie lange Sie Ihr Geld anlegen möchten.
- **Unsicherheit:** Es spricht absolut nichts dagegen, zum Beratungsgespräch eine Begleitperson mitzunehmen, mit der Sie sich absprechen können. Sollte es Probleme geben, haben Sie auf jeden Fall einen Zeugen.
- **Nachfragen:** Haken Sie nach und erkundigen Sie sich, falls Sie etwas nicht verstehen. Fragen Sie nach den Kosten einer angebotenen Anlage sowie deren Risiken und Laufzeiten. Lassen Sie sich nicht blenden von vollmundigen Gewinnaussichten und versprochenen Steuervorteilen.
- **Material:** Erkundigen Sie sich nach Prospekten und Informationsmaterial. Machen Sie sich Notizen.
- **Zeit nehmen:** Unterschreiben Sie nichts, was Sie nicht verstehen oder wo Sie Zweifel haben. Lassen Sie sich nicht unter Druck zu einer Unterschrift überreden, sondern nehmen Sie sich die nötige Zeit und überschlafen Sie noch einmal eine Anlageentscheidung.
- **Alternative Beratung:** Nutzen Sie die Möglichkeit, weitere Angebote oder eine zweite Meinung einzuholen. Vergleichen Sie das, was Ihnen angeboten wird.

Hilfe vom unabhängigen Berater

Als Alternative zur Anlageberatung einer Bank können Sie auch zu einem unabhängigen Berater gehen. Dieser verlangt zwar ein Honorar für seine Leistung, aber anders als etwa ein Bankberater ist er nicht an bestimmte Produkte gebunden. Für eine unabhängige Anlageberatung können Sie sich zum Beispiel an die Verbraucherzentralen wenden. Es gibt auch Anbieter, die sich speziell auf die Beratung von älteren Anlegern spezialisiert haben. Das Honorar richtet sich nach Art und Umfang der Beratung.

So kostet beispielsweise eine Erstberatung bei „Die Alten Hasen" – hier beraten ehemalige Bankmitarbeiter im Alter ab 55 Jahren Anleger ab 50 Jahren – 65 Euro zuzüglich Mehrwertsteuer. Bei den Verbraucherzentralen können sich die Kosten je nach Einrichtung und Angebot unterscheiden. Ein Geldanlageseminar der Verbraucherzentrale Nordrhein-Westfalen kostet 40 Euro. Für eine etwa einstündige individuelle Beratung müssen Sie 100 Euro bezahlen.

INFOS: Die Adressen der Verbraucherzentralen finden Sie auf Seite 149. Die Alten Hasen erreichen Sie telefonisch unter 0 69/92 03 78 90, im Netz www.diealtenhasen.de.

An die Lieben denken: Grundregeln für Erbschaften und Schenkungen

Früh genug planen: Vermögen vermachen

Wenn Sie Geld anlegen, sparen Sie zunächst für sich, doch häufig profitieren auch andere davon: Ihr Partner, Ihre Familie, Ihre Freunde. So schwer es auch fallen mag – es ist sinnvoll, dass Sie sich früh genug Gedanken darüber machen, wer später einmal welches Vermögen von Ihnen bekommen soll. Wenn Sie frühzeitig die richtigen Vorbereitungen treffen, helfen Sie, Streitereien unter Ihren Angehörigen zu vermeiden. Zudem können Sie mit einem langfristig ausgelegten Vorgehen die Steuerbelastung unter Umständen deutlich verringern.

INFOS: An dieser Stelle können wir nur einen Kurzüberblick zu den Themen Testament, Erbschaft und Schenkung geben. Für weitere Informationen sollten Sie sich unbedingt Rat holen – Ansprechpartner sind Fachanwälte für Erbrecht, Steuerberater und Notare.

Streit vermeiden

Bei Geld hört bekanntlich die Freundschaft auf – und in ganz schwierigen Fällen gehen am Streit ums Geld ganze Familien kaputt. Gerade die Frage, wer was bekommt nach dem Tod des Vaters, der Tante oder des besten Freundes, kann zu jeder Menge Ärger führen. Hier hilft es, wenn der oder die Verstorbene genaue Regelungen getroffen hat. Die geläufigste Form ist das Testament.

Liegt keine Verfügung des Verstorbenen vor, greift die gesetzliche Erbfolge. Danach haben nur Familienangehörige Anspruch auf den Nachlass. Unter den Angehörigen erben zunächst die Kinder oder deren Nachkommen. Danach sind die Eltern an der Reihe oder – sollten diese nicht mehr leben – die Geschwister.

Ehepartner und eingetragene Lebenspartner gehören zwar nicht zu den Verwandten, doch auch sie zählen per Gesetz zu den Erben. Anders stellt sich die Situation für nicht verheirateten Lebenspartner, Freunde und Bekannte dar: Sollen Sie etwas bekommen oder möchte jemand aus anderen Gründen nicht, dass die gesetzlichen Erbfolge eintritt, muss dies vorher in einem Testament oder Erbvertrag verfügt werden.

Friedenstifter Testament?

Selbst wenn durch die gesetzliche Erbfolge feststeht, wer zu welchen Teilen erbt, bietet die tatsächliche Aufteilung des Vermögens zahlreiche Ansatzpunkte für Streit und Ärger. Mit einer klaren Regelung, wer beispielsweise das elterliche Haus und wer das Aktiendepot bekommt, lässt sich diese Gefahr verringern.

Es gibt zwei Möglichkeiten, ein Testament zu machen. Entweder Sie schreiben es selbst. Dann müssen Sie es auf jeden Fall per Hand erstellen und unterschreiben. Ein am Computer getipptes Schreiben, das Sie am Ende unterzeichnen, reicht dafür nicht aus. Alternativ können Sie das Testament auch von einem Notar erstellen lassen.

Wichtig: Dafür wird zwar eine Gebühr fällig, doch Sie gehen sicher, dass zum Beispiel keine inhaltlichen Missverständnisse oder formelle Fehler entstehen.

Vorher Vermögen übertragen

Regeln einhalten müssen Sie auch, wenn Sie schon zu Lebzeiten Vermögen verschenken wollen. Eine Schenkung ist ein Vertrag, der nur zustande kommt, wenn beide einverstanden sind: der Schenker und der Beschenkte. Damit ein solcher Vertrag gültig ist, muss er von einem Notar beurkundet werden. Es sei denn, die Schenkung wird bereits vollzogen, wenn beispielsweise Bargeld direkt den Besitzer wechselt.

Einen Notar benötigen Sie auf jeden Fall, wenn eine Immobilie übertragen werden soll. Er kümmert sich neben der Beurkundung auch um die Änderungen im Grundbuch. In einem Übergabevertrag müssen Schenker und Beschenkte – beispielsweise Eltern und ihre Kinder – die Einzelheiten der Vermögensübertragung genau regeln. So können Eltern in diesem Vertrag zum Beispiel ihr lebenslanges Wohnrecht in dem übertragenen Haus vereinbaren.

Wichtig: Planen Sie die Übergabe gut und klären Sie vorher zum Beispiel auch ab, welchen Ausgleich Sie Ihren anderen Kindern geben wollen, die von der Immobilienübertragung nicht profitieren.

INFOS: Ausführliche Informationen rund um das Thema „Vererben und Erben" finden Sie im gleichnamigen Ratgeber der Stiftung Warentest.

Erbschaft und Schenkung: Neue Steuerregeln

Wenn jemand erbt oder ein Vermögen übertragen bekommt, ist möglicherweise auch das Finanzamt mit von der Partie. Denn sobald bestimmte Steuerfreibeträge überschritten sind, wird Erbschaft- oder Schenkungsteuer fällig. Durch eine Gesetzesreform sollen sich hier ab 2009 einige Dinge grundlegend verändern. Bei Redaktionsschluss war die Reform noch nicht von Bundestag und Bundesrat verabschiedet. Die Zahlenangaben auf den folgenden Seiten beruhen auf dem vom Kabinett verabschiedeten Gesetzentwurf. Änderungen waren aber noch im Gespräch, zum Beispiel bei den Steuersätzen für Geschwister.

Reform im Auftrag der Verfassungsrichter

Ende 2006 war die Aufforderung der Bundesverfassungsrichter unmissverständlich: Bis zum Jahresende 2008 muss das Erbschaft- und Schenkungsteuerrecht reformiert sein. Die bisher geltende Regelung, nach der übertragene Immobilien im Fall einer Erbschaft oder Schenkung günstiger besteuert werden als beispielsweise Spar- oder Fondsvermögen, dürfe so nicht weiter bestehen, urteilten die obersten Richter. Für alle Vermögensarten müssten einheitliche Regeln bestehen.

Nach zähem Ringen sollen die Gesetzesänderungen Anfang 2009 in Kraft treten. Für Privatpersonen sind insbesondere die folgenden geplanten Punkte entscheidend:

- Immobilien werden wie andere Vermögensarten auch mit ihrem kompletten Marktwert für die Steuererhebung mitzählen. Bisher waren sie günstiger bewertet als beispielsweise Fonds- oder Bankvermögen. Das Finanzamt berücksichtigte meist nur etwa 60 bis 65 Prozent des Verkehrswerts.
- Die Steuerfreibeträge werden – zum Teil deutlich – angehoben: Davon profitieren insbesondere nahe Familienangehö-

rige, doch auch für Freunde und entfernte Verwandte gelten höhere Freibeträge (➔ Tabelle, unten).

- Die Steuersätze für weiter entfernte Verwandte und nicht verwandte Erben und Beschenkte steigen bis zum Höchstsatz von 50 Prozent deutlich an, für nahe Angehörige ändern sie sich nicht (➔ Tabelle, Seite 108).

Geplante Steuerfreibeträge bei Schenkungen und Erbschaften
(Stand: Mitte Oktober 2008)

Verhältnis zum Schenkenden oder Erblasser	Allgemeiner Freibetrag (Euro)	Versorgungsfreibetrag[2]) (Euro)	Freibetrag für Hausrat (Euro)	Freibetrag für andere Güter[4]) (Euro)
Steuerklasse I				
Ehepartner	500 000	256 000	41 000	12 000
Kinder (auch Stief- und Adoptivkinder), Kinder verstorbener Kinder	400 000	10 300–52 000[3])	41 000	12 000
Enkel	200 000	0	41 000	12 000
Eltern, Groß- und Urgroßeltern[1])	100 000	0	41 000	12 000
Steuerklasse II				
Geschwister, Nichten, Neffen, Schwiegerkinder, Schwiegereltern, geschiedene Ehegatten	20 000	0	0	12 000
Steuerklasse III				
Eingetragene Lebenspartner	500 000	256 000	0	12 000
Onkel, Tanten	20 000	0	0	12 000
Lebensgefährten, Freunde, Nachbarn, alle nicht Verwandten	20 000	0	0	12 000

1) Diese Verwandten sind nur bei Erbschaften in Steuerklasse I, bei Schenkungen in Steuerklasse II
2) Wird um den Wert der Versorgungsbezüge (Renten und Pensionen) gekürzt
3) Staffelung nach Alter: z. B. 52 000 Euro für Kinder bis 5 Jahre und 41 000 Euro für Kinder bis 10 Jahre
4) Zum Beispiel für Auto oder Wohnmobil, nicht für Schmuck, Münzen oder Briefmarken

Geplante Steuersätze für Schenkungen und Erbschaften (Stand: Mitte Oktober 2008)

Freunde, Bekannte und entfernte Verwandte zahlen künftig mindestens 30 Prozent Steuern – in den Steuerklassen II und III sollen die Sätze zum Teil deutlich ansteigen.

Steuerpflichtiges Erbe oder Schenkung bis ... Euro	Steuersatz in Prozent bei Steuerklasse		
	I	II	III
75 000	7	30	30
300 000	11	30	30
600 000	15	30	30
6 000 000	19	30	30
13 000 000	23	50	50
26 000 000	27	50	50
Über 26 000 000	30	50	50

Gewinner: Die nahen Angehörigen

Wenn das Finanzamt nach neuem Recht ermittelt, wie hoch eine Steuerbelastung bei einem Erbe oder einer Schenkung ist, soll es keinen Unterschied mehr machen zwischen Immobilien und einem Aktiendepot oder dem Geld, das auf dem Sparkonto schlummert. Für die Abrechnung zählt alles zu seinem Verkehrswert mit.

Werden Aktien verschenkt oder vererbt, wäre dies beispielsweise der Wert der Papiere am Tag der Schenkung beziehungsweise am Todestag.

Gewinner der Steuerreform sind insbesondere nahe Familienangehörige wie Ehepartner, Kinder und Enkel, denen Geldvermögen übertragen wird. Für diese drei Gruppen sollen die Steuerfreibeträge für Erbschaften und Schenkungen zum Teil deutlich ansteigen. So kann ein Vater seiner erwachsenen Tochter ein Fonds- und Geldvermögen von bis zu 400 000 Euro hinterlassen, ohne dass sie Steuern dafür zahlen muss. Bisher betrug der allgemeine Freibetrag für Kinder nur 205 000 Euro. Auch für Ehepartner ist dieser Freibetrag deutlich angestiegen. Er liegt in Zukunft bei 500 000 Euro – bisher waren es 307 000 Euro.

Auch gleichgeschlechtliche Lebenspartner in einer eingetragenen Lebensgemeinschaft zählen zu den großen Gewinnern der Reform. Ihnen soll in Zukunft ein Steuerfreibetrag von 500 000 Euro (bisher nur 5 200 Euro) sowie ein Versorgungsfreibetrag von maximal 256 000 Euro zustehen. Allerdings werden für sie künftig höhere Steuersätze gelten, denn sie zählen zur Steuerklasse III.

Wichtig: Neben dem allgemeinen Freibetrag stehen Erben noch weitere Freibeträge zu – zum Beispiel ein Versorgungsfreibetrag für den Ehepartner oder Kinder unter 18 Jahren. Auch für den Hausrat und alle beweglichen Güter gibt es Freibeträge (→ Seite 107).

Verlierer: Lebensgefährten, Freunde und entfernte Verwandte

Zwar ist geplant, dass für entfernte Verwandte oder den nicht verheirateten Lebenspartner der allgemeine Freibetrag von 5 200 auf 20 000 Euro ansteigt. Dennoch zählen sie zu den Verlierern der Reform. Denn sobald dieser Freibetrag überschritten ist, müssen sie für geschenktes oder geerbtes Vermögen mindestens 30 Prozent Steuern zahlen. Bisher waren die Werte zum Teil deutlich niedriger. Durch diese Neuerung wird die Belastung bei größeren Vermögen höher sein.

Beispiel: Peter Petzold hinterlässt seiner Lebensgefährtin Elisabeth Eilers 100 000 Euro, die in Fonds und Sparverträgen angelegt sind. Nach neuem Recht werden für Frau Eilers 80 000 Euro steuerpflichtig (100 000 Euro minus Freibetrag 20 000 Euro). Für diese 80 000 Euro gilt ein Steuersatz von 30 Prozent, sodass Frau Eilers 24 000 Euro Erbschaftsteuer zahlen muss. Nach dem bisherigen Recht hätte sie von den 100 000 Euro nur den Freibetrag von 5 200 Euro abziehen dürfen. Allerdings wären auf die verbleibenden 94 800 Euro auch nur 23 Prozent Steuern fällig geworden, sodass sich für Frau Eilers eine Steuerbelastung von 21 804 Euro ergeben hätte – weniger als heute.

Zu den Verlierern der Reform gehören neben Freunden und Bekannten voraussichtlich auch Geschwister eines Verstorbenen oder Schenkers. Sie gehören zur Steuerklasse II und müssen daher nun mit deutlich höheren Steuersätzen rechnen als bisher. So soll beispielsweise für den Bruder eines Verstorbenen bei einem Erbe von 140 000 Euro zukünftig ein Steuersatz von 30 Prozent gelten. Bisher waren es 17 Prozent. Die genauen Sätze waren bei Redaktionsschluss noch in der Diskussion.

Teure Immobilien im Nachteil

Auch viele Immobilienerben zählen zu den Verlierern der Reform: Denn nach neuem Recht berücksichtigt das Finanzamt Immobilien mit dem vollen Verkehrswert für die Steuererhebung und nicht mehr wie bisher mit nur etwa 60 bis 65 Prozent. Diese Neuerung bedeutet, dass gerade für teure Immobilien das neue Steuerrecht nachteilig ist.

Beispiel: Die 55-jährige Brigitte Baier erbt von ihrer Mutter ein Haus im Wert von 500 000 Euro. Nach dem neuen Recht zählt das Haus mit dem kompletten Wert. Frau Baier hat aber Anspruch auf den Freibetrag von 400 000 Euro, das steuerpflichtige Erbe liegt somit bei 100 000 Euro. Bei einem Steuersatz von 11 Prozent ergibt sich daraus eine zu zahlende Steuer von 11 000 Euro. Nach bisherigem Recht hätte das Finanzamt das Haus vielleicht nur mit 60 Prozent des Wertes berücksichtigt – das wären 300 000 Euro. Bisher stand Frau Baier ein Freibetrag von 205 000 Euro zu, sodass sich ein steuerpflichtiges Erbe von 95 000 Euro bei einem Steuersatz von ebenfalls 11 Prozent ergeben hätte. Herausgekommen wäre eine Steuerbelastung für das Haus von 10 450 Euro – weniger als nach dem geplanten neuen Recht.

Wichtig: Für vermietete Immobilien gelten wiederum andere Erbschaft- und Schenkungsteuerregeln. Jeder der damit zu tun bekommt, sollte sich Rat bei einem Steuerberater holen.

Wie können Sie auf die Steuerregeln reagieren?

Wenn das neue Steuerrecht in Kraft getreten ist, können Sie für alle anstehenden Erbschaften und Schenkungen die bisherigen Bedingungen nicht mehr nutzen. Allerdings haben Sie mehrere Möglichkeiten, frühzeitig zu agieren, um für Ihre Angehörigen oder alle anderen, die irgendwann einmal etwas von Ihnen bekommen sollen, die Belastung so gering wie möglich zu halten.

Der entscheidende Vorteil, den Sie nutzen können: Der allgemeine Freibetrag für Erbschaften und Schenkungen kann alle zehn Jahre wieder neu in Anspruch genommen werden. Das heißt, Sie können theoretisch im Alter von 70 Jahren Ihrer Tochter ein Vermögen im Wert von bis zu 400 000 Euro übertragen und zehn Jahre später dies mit derselben Summe noch einmal wiederholen.

TIPP

Wollen Ehepartner gemeinsames Vermögen an ihre Kinder übertragen, können alle zehn Jahre sogar insgesamt 800 000 Euro pro Kind steuerfrei den Besitzer wechseln: 400 000 Euro als Freibetrag für die Schenkung jedes Elternteils.

Besonderheit: Schenkung und Abgeltungsteuer

Jede Form von Vermögen kann übertragen werden. Bei der Übertragung eines Wertpapierdepots müssen Sie aufgrund der Abgeltungsteuer aber einige wichtige Regeln beachten: Angenommen, Sie übertragen 2009 Ihr Fondsdepot mit Werten, die Sie im Jahr 2005 erworben haben, an Ihren Sohn. Würden Sie selbst das Depot weiterführen wie bisher, müssten Sie auf Kursgewinne, die beim späteren Verkauf anfallen, keine Abgeltungsteuer zahlen, weil Sie die Papiere ja vor 2009 erworben hatten.

Wenn nun Ihr Sohn das Depot bekommen soll, müssen Sie dies der depotführenden Bank unbedingt als Schenkung anzeigen. Einen kommentarlosen Übertrag des Fondsvermögens wertet die Bank als Verkauf. Nur bei einer angezeigten

Schenkung kann Ihr Sohn das Depot mit dem von Ihnen erworbenen Bestandsschutz für die Steuerfreiheit von Kursgewinnen weiterführen. Sonst würde das Finanzamt von einem Neukauf ausgehen und für die Kursgewinne, die er später erzielt, Abgeltungsteuer einfordern.

Die Bank muss zwar das Finanzamt über diese Schenkung informieren. Doch solange Sie mit der Übertragung den geltenden allgemeinen Freibetrag (im Fall des Sohnes in Zukunft wohl 400 000 Euro alle zehn Jahre) nicht überschreiten, fällt keine Schenkungsteuer an.

Wichtig: Auch Erben profitieren von einem möglichen Bestandsschutz für die Steuerfreiheit von Kursgewinnen, wenn der Verstorbene Aktien, Fondsanteile oder andere Wertpapiere vor 2009 erworben hat.

Ehepartner im Vorteil gegenüber Lebensgefährten

Für Ehepartner gibt es einen weiteren Vorteil: Um die spätere Steuerbelastung zu verringern, kann beispielsweise der Mann das selbstbewohnte Haus an seine Frau übertragen, ohne dass dafür Abgaben fällig werden. Partner ohne Trauschein haben diesen Vorteil nicht. Stirbt einer von beiden, hat der hinterbliebene Partner nicht einmal Anspruch auf ein Erbe, wenn keine anders lautende Verfügung in Form eines Testaments oder Erbvertrags getroffen wurde.

Wegweiser: So finden Sie Ihre Anlagestrategie

Unterschiedliche Rahmenbedingungen beachten

Eine Anlagestrategie, die für jeden Rentner die Patentlösung ist, gibt es leider nicht: Jeder muss seine eigene Strategie entwickeln. Die folgenden Fallbeispiele sollen Ihnen helfen, Anhaltspunkte für Ihren persönlichen Anlageweg zu finden.

Für die bessere Zuordnung unterscheiden wir anhand der finanziellen Rahmenbedingungen drei Anlegergruppen:

- **Gruppe 1:** Ruheständler, die noch eine Versorgungslücke schließen müssen, weil ihre regelmäßigen Einnahmen zu niedrig sind, um die regelmäßigen Ausgaben zu decken.
- **Gruppe 2:** Ruheständler, die mit ihren regelmäßigen Einnahmen ganz gut hinkommen, aber sich jetzt noch ein bisschen mehr wünschen oder in einiger Zeit Geld für bestimmte Investitionen zur Verfügung haben wollen.
- **Gruppe 3:** Ruheständler, die finanziell in einer so komfortablen Lage sind, dass sie mit der Geldanlage einige Risiken eingehen können, weil sie aufgrund ihrer regelmäßigen Einnahmen eine sichere finanzielle Basis haben, um den Lebensunterhalt und gewisse Extras bestreiten zu können. Verluste aus einer Geldanlage gefährden diese Basis nicht.

Die finanzielle Lage ist aber nur ein Kriterium, an dem die unterschiedlichen Rahmenbedingungen jedes Einzelnen deutlich werden. Weitere Aspekte wie die familiäre Situation, die eigene Gesundheit oder die persönliche Risikobereitschaft kommen hinzu. Deshalb kann es für Sie auch interessant sein, sich nicht nur die Fallbeispiele „Ihrer" Gruppe durchzulesen, sondern sich auch bei den übrigen Beispielen umzusehen. Die Grenzen sind zum Teil fließend.

Unabhängig von den finanziellen Spielräumen sollte jeder zwei Aspekte für die weitere Strategie unbedingt beachten:

Ausgaben: Ihre Ausgaben können, vielleicht sogar ganz plötzlich, in die Höhe schnellen – falls sich beispielsweise Ihr Gesundheitszustand verschlechtert und Sie auf Hilfe angewiesen sind. Kalkulieren Sie Mehrkosten früh genug mit ein und berücksichtigen Sie auch die Inflation: Preissteigerungen sorgen dafür, dass Ihr Geld an Wert verliert.

Einnahmen: Ihre Einnahmen können deutlich schrumpfen, wenn Ihr Partner stirbt und dem Haushalt damit eine komplette Rente oder zumindest ein Teil davon fehlt. Verheiratete und liierte Partner sollten sicherstellen, dass die Einnahmen, die jetzt für beide Partner zum Leben ausreichen, auch noch hoch genug sind, wenn einer von beiden stirbt.

INFOS: Sollten Sie unsicher sein, wie hoch beispielsweise Ihre Rentenansprüche sind, wenn der Partner stirbt, können Sie das Beratungsangebot der Deutschen Rentenversicherung Bund nutzen: Erkundigen Sie sich unter der kostenlosen Hotline 08 00/1 00 04 80 70 oder direkt in einer der regionalen Beratungsstellen. Informationen finden Sie unter www.deutsche-rentenversicherung-bund.de

Die Versorgungslücke schließen

Folgende Situation wünscht sich niemand: Der persönliche Kassensturz zu Rentenbeginn zeigt, dass die gesetzliche Rente nicht reicht, um ein angemessenes Leben zu führen.

Wenn keine oder wenig weitere Ersparnisse vorhanden sind, wird dem Ruheständler kaum etwas anderes übrig bleiben, als sich weiter einzuschränken und auf diese Weise seine Ausgaben zu senken. Oder er muss einen Job finden, der ihm im Alter zusätzliche Einnahmen bringt (➔ Kasten unten).

Nebenjob als Rentner

Rentner, die älter als 65 Jahre sind, dürfen mit einem Nebenjob so viel hinzuverdienen, wie sie wollen, ohne Rentenkürzungen fürchten zu müssen. Rentnern, die jünger sind, wird die Rente gekürzt, wenn ihr Verdienst 400 Euro im Monat übersteigt. Ausnahme: In zwei Monaten des Jahres dürfen sie bis zu 800 Euro verdienen.

Steuerlich kann so ein Nebenjob allerdings Auswirkungen haben: Nur wenn er unter 400 Euro monatlich bleibt, ist der Verdienst auf jeden Fall steuerfrei. Darüber wird er steuerpflichtig. Doch ob Sie letztlich Steuern zahlen müssen, hängt von Ihrem gesamten Jahreseinkommen ab (➔ Seite 22).

Im ungünstigsten Fall bleibt nur der Weg, sich in Form der sogenannten Grundsicherung finanzielle Hilfe vom Staat zu besorgen (→ Kasten, rechts).

Aus Ersparnissen auf Dauer eine zusätzliche Rente sichern

Wenn jedoch neben einer eher niedrigen Rente Ersparnisse aus der Zeit des Berufslebens vorhanden sind, ist die Lage deutlich beruhigender. Die Frage ist nur, in welcher Form dieses Geld bisher zur Verfügung steht und wie Sie es benötigen.

Beispiel: Der 65-jährige Klaus Keller hat seinen letzten Arbeitstag im technischen Dienst eines mittelständischen Unternehmens hinter sich. Er kommt auf eine monatliche Rente von 1 200 Euro und hat zusätzlich eine betriebliche Altersvorsorge von 150 Euro aus einer Direktversicherung, in die pauschal versteuerte Beiträge eingezahlt wurden. Das erscheint ihm auf Dauer für seine Bedürfnisse zu wenig, zumal sein Vermieter eine Mieterhöhung angekündigt hat. Klaus Keller hätte gerne 200 Euro im Monat dazu – auf lange Sicht vielleicht sogar etwas mehr. Deshalb fragt er sich, wie er die 60 000 Euro anlegen soll, die ihm seine Kapitallebensversicherung auszahlt. Darüber hinaus besitzt er Aktienfondsanteile im Wert von 3 000 Euro sowie 5 000 Euro in Sparanlagen seiner Bank und Bundesschatzbriefen.

Sicherheit: Zusatzeinnahme bis ans Lebensende

Klaus Keller ist in der glücklichen Lage, dass er dank des Vermögens aus der Kapitallebensversicherung seine Rente aufbessern kann. Er hat sich ausgerechnet, dass er monatlich 200 Euro zusätzlich benötigt. Dabei hat er berücksichtigt, dass er trotz der angedrohten Mieterhöhung seine Wohnung halten will und außerdem seine Hobbys wie Radfahren, Kanutouren und regelmäßige Theaterbesuche mit einer guten Freundin auch als Rentner nicht aufgeben möchte.

Grundsicherung

Ruheständler, die ihren Lebensunterhalt nicht aus eigener Kraft bestreiten können, können die „Grundsicherung im Alter und bei Erwerbsminderung" beantragen. Der Regelsatz beträgt derzeit 347 Euro für den Haushaltsvorstand. Dazu werden die Kosten für eine angemessene Wohnung übernommen. Hinzu können noch Zuschläge kommen – etwa aufgrund einer Behinderung. Eigene Einnahmen – zum Beispiel die gesetzliche Rente oder auch eine Riester-Rente – werden auf die Leistungen angerechnet.

Wenn Sie wie Klaus Keller merken, dass Ihre regelmäßigen Einnahmen nicht ausreichen oder irgendwann nicht mehr für alle anfallenden Ausgaben reichen könnten, bietet eine private Rentenversicherung mit Sofortrente eine Möglichkeit, bis ans Lebensende eine sichere Zusatzeinnahme zu schaffen. Je nach Versicherer könnte Herr Keller eine garantierte Zusatzrente von 200 Euro im Monat mit einer Einzahlung ab etwa 45 000 Euro bekommen. Als Alleinstehender kann er dabei auf Zusatzleistungen wie Rentengarantiezeit oder Hinterbliebenenschutz verzichten.

Wichtig: Durch die Überschussbeteiligung des Versicherers sind höhere Auszahlungen als die garantierte Rente möglich, aber sicher haben Sie diese Überschüsse nicht! Vergleichen Sie mehrere Rentenversicherungsangebote anhand der Garantierenten. Das lohnt sich, denn ein Rentenunterschied von nur 10 Euro im Monat summiert sich im Laufe von 25 Jahren auf 3 000 Euro.

Nicht zu viel einzahlen

Mehr als den für die gewünschte Rente notwendigen Betrag sollte Klaus Keller auf keinen Fall einzahlen. Denn an die Summe, die in dem Versicherungsvertrag steckt, kommt er nicht mehr heran. Er erhält nur die monatlichen Rentenzahlungen. Am besten lässt er sich vor Vertragsabschluss genau ausrechnen, welche Einzahlungen tatsächlich nötig sind.

Das restliche Geld aus der Kapitallebensversicherung sollte er so anlegen, dass er flexibel darauf zurückgreifen kann. Auf einem Tagesgeldkonto sollte er sich ein Notfallpolster schaffen. Dann bleibt er flüssig für den Fall, dass beispielsweise sein Auto streikt oder die Waschmaschine repariert werden muss. Infrage kommen zusätzlich Festgeld, Einmalanlagen bei der Bank oder auch Bundeswertpapiere. Wichtig ist, dass er auf unterschiedliche Laufzeiten achtet.

Sollte Herr Keller kurzfristig mehr Geld benötigen als die Summe, die auf dem Tagesgeldkonto liegt, könnte er zunächst seine Bundesschatzbriefe verkaufen. Ab einem Jahr nach dem Kauf solcher Papiere hat er die Möglichkeit, diese zurückzugeben.

Es muss nicht die Versicherung sein

Die Sofortrente aus einer Versicherung ist zwar sehr bequem, aber nicht die einzige Möglichkeit, eine sichere Zusatzrente zu schaffen. In Zeiten höherer Zinsen kann ein Auszahlplan der Bank eine Alternative sein (➔ Seite 68). Hier sollte sich Herr Keller aber nicht zu lange binden, sondern er kann beispielsweise einen Teil seines Geldes für fünf Jahre dort einzahlen und nach Ablauf dieser Zeit entscheiden, wie er weiter vorgeht – eine private Rentenversicherung ist dann immer noch möglich.

Würde er zum Beispiel jetzt 11 000 Euro in einen Auszahlplan mit Kapitalverzehr einzahlen und dafür eine Verzinsung von 4,3 Prozent erhalten, könnte er monatlich rund 200 Euro bekommen. Die restlichen 49 000 Euro aus der Kapitallebensversicherung könnte er wiederum in weitere Sparangebote der Banken anlegen. Erzielt er dafür eine durchschnittliche Verzinsung von 4,5 Prozent, hätte er nach fünf Jahren – dann, wenn auch der Auszahlplan endet – aus den 49 000 Euro rund 61 000 Euro gemacht. Das im Auszahlplan verzehrte Vermögen hätte er damit gut wieder hereingeholt.

TIPP

Vergleichen Sie, was Sie für Ihre Einzahlung bei einer Bank oder einer Versicherung bekommen. Nicht jede Bank hat einen Auszahlplan im Angebot.

Steuerliche Aspekte sind hier nicht berücksichtigt. Sparer sollten sich nicht dadurch schrecken lassen, wenn Sie für die anfallenden Zinsen aus so einem Auszahlplan der Bank auf den ersten Blick womöglich mehr Steuern zahlen müssen (Abgeltungsteuer von maximal 25 Prozent) als für die Auszahlung aus der privaten Rente (steuerpflichtiger Anteil von 18 Prozent bei Auszahlung ab 65). Denn oft können Senioren wie unser Beispielrentner Keller zumindest einen Teil ihrer Zinsen steuerfrei kassieren. Und selbst wenn Steuern für die Zinsen anfallen, liegt der Steuersatz häufig unter 25 Prozent.

In Klaus Kellers Situation ist es so, dass er durch seine bisher angelegten insgesamt 8 000 Euro seinen Sparerfreibetrag (künftig Sparerpauschbetrag ➔ Seite 26) noch längst nicht ausgeschöpft hat. Und selbst wenn er irgendwann den Sparerpauschbetrag überschreitet, macht sich das für die Steuerlast noch nicht gleich bemerkbar:

Von Herrn Kellers Rente, die erstmals 2008 ausgezahlt wird, sind 56 Prozent steuerpflichtig – das wären 8 046 Euro im Jahr. Seine Betriebsrente, in die nicht steuerfrei eingezahlt wurde, ist für ihn zu 18 Prozent steuerpflichtig – bedeutet einen steuerpflichtigen Anteil von 324 Euro. Nach Abzug seiner Werbungskosten, der Versicherungsbeiträge und anderer Posten rutscht er auf jeden Fall deutlich unter den Steuergrundfreibetrag von 7 664 Euro im Jahr.

Angenommen, er käme nach Abzug aller Posten auf etwa 5 000 Euro zu versteuerndes Einkommen. Dann könnte er seinen Sparerfreibetrag /Sparerpauschbetrag um 2 664 Euro (7 664 minus 5 000 Euro) im Jahr überschreiten und er müsste immer noch keine Steuern zahlen.

Wichtig: Schöpfen Sie Ihre Steuerfreibeträge für Zinsen aus. Wenn Sie sich die Werte nicht selbst ausrechnen können, fragen Sie zum Beispiel bei einem Lohnsteuerhilfeverein.

Statt eines fixen Auszahlplans der Bank könnte Herr Keller auch sein komplettes Vermögen aus der Lebensversicherung in einen selbst gestalteten Auszahlplan investieren. Er kann zum Beispiel verschiedene festverzinsliche Produkte mit unterschiedlichen Laufzeiten kombinieren und sich aus den

Zinsausschüttungen seine regelmäßige Rente schaffen. Das bedeutet zwar etwas mehr Mühe im Vergleich zum vorgefertigten Plan der Bank, aber er bleibt flexibler, um auf veränderte Lebenssituationen reagieren zu können. Auf jeden Fall sollte er nicht alles auf eine Karte setzen, sondern Angebote kombinieren.

Rendite: Fondsverkauf nicht überstürzen

Neben den sicheren Anlagen hat Herr Keller noch Aktienfondsanteile in seinem Depot. Den Anteil sollte er allerdings in seiner Situation besser nicht erhöhen, das Risiko von Verlusten wäre zu groß, zumal ihm ein geringeres Einkommen als im Erwerbsleben zur Verfügung steht.

Das heißt aber nicht, dass der 65-Jährige sich von seinen bereits vorhandenen Fondsanteilen von einem Tag auf den anderen trennen muss – nur weil er jetzt Rentner ist. Sollten die Kurse gerade schlecht stehen, wäre es gut, wenn er das Geld aktuell nicht dringend benötigt, sondern noch bis zu einem günstigeren Zeitpunkt mit dem Verkauf warten kann. Möglich ist, dass Klaus Keller nicht alle Anteile auf einmal verkauft, sondern schrittweise vorgeht und sich nach und nach von seinen Anteilen trennt.

Nicht wegen der Abgeltungsteuer verkaufen

Lassen Sie sich nicht durch die anstehende Abgeltungsteuer aufschrecken und zu einem Verkauf der Fondsanteile verführen, der eigentlich noch gar nicht geplant war. Steuerlich macht es kaum einen Unterschied, wann Sie Fondsanteile, die seit langem in Ihrem Depot sind, verkaufen. Die Kursgewinne aus diesen Papieren, die vor 2009 erworben wurden, bleiben steuerfrei, wenn die Papiere wie bei Klaus Keller mindestens ein Jahr im Besitz des Anlegers waren.

Veränderungen gibt es aber bei der Besteuerung von laufenden Dividendenzahlungen aus den Fonds: Sie sind ab 2009 komplett steuerpflichtig und nicht mehr wie jetzt nur zur Hälfte. Besteuert werden sie mit 25 Prozent und nicht mehr mit dem persönlichen Steuersatz.

Größere Lücken schließen

Die Rentenlücke, die Klaus Keller kurzfristig schließen wollte, lag bei ungefähr 200 Euro im Monat. Deutlich größer ist das Loch bei den regelmäßigen Einnahmen in der folgenden Situation, die so oder ähnlich vor allem bei vielen Selbstständigen vorliegt:

Beispiel: Leonard Lemberg hat vor 30 Jahren das Einrichtungsgeschäft seiner Eltern übernommen. Nun möchte er sich mit 65 Jahren zur Ruhe setzen, zumal in seiner Nähe ein großer Baumarkt eröffnet hat. Ein Interessent für das Ladengebäude hat schon ein Angebot gemacht. Lembergs 61-jährige Frau Luise hat als Angestellte ihres Mannes meist halbtags im Betrieb gearbeitet – nur vorübergehend hatte sie wegen der Kinder ausgesetzt. Ein befreundeter Tischler hat Luise Lemberg gefragt, ob sie für die letzten Berufsjahre bis zu ihrer Rente in seinem Büro arbeiten will.

Für das Ehepaar Lemberg sieht die Bestandsaufnahme zu Rentenbeginn ganz anders aus als bei vielen Paaren, die beide angestellt beschäftigt waren. Der große Unterschied zeigt sich beim Anspruch auf Leistungen der gesetzlichen Rentenversicherung. Als selbstständiger Einzelhändler war Herr Lemberg nicht verpflichtet, Beiträge an die gesetzliche Rentenkasse zu zahlen. Aus den ersten Jahren seines Berufslebens vor der Selbstständigkeit wird er vergleichsweise geringe Ansprüche an die Rentenkasse haben.

Auch die Rente seiner Frau wird nach derzeitigem Stand nicht allzu üppig ausfallen, da sie als Halbtagskraft gearbeitet und zwischenzeitlich für die Phase der Kindererziehung ausgesetzt hat.

Angenommen, Herr Lemberg kommt auf eine monatliche gesetzliche Rente von 400 Euro. Aus der Renteninformation seiner Frau geht hervor, dass sie derzeit mit ihren 61 Jahren einen Rentenanspruch von 580 Euro im Monat hätte. Würde sie aber bereits jetzt ihre Rente beziehen, müsste sie dafür

Abschläge in Kauf nehmen. Das will Frau Lemberg vermeiden und entschließt sich, erst einmal weiterzuarbeiten.

Wichtig: Für jeden Monat, der bis zum gesetzlich vorgeschriebenen Rentenbeginn fehlt, müssen Sie mit einem Abschlag von 0,3 Prozent auf den derzeitigen Rentenanspruch kalkulieren.

Rente mit 67

Jeder, der wie Frau Lemberg in unserem Beispiel erst 2012 oder später 65 Jahre alt wird, ist von der Gesetzesänderung der Rente mit 67 betroffen. In einer Übergangsphase bis Ende 2029 steigt das Rentenalter von 2012 an stufenweise von 65 auf 67 Jahre. Wenn Frau Lemberg am 1. Oktober 1947 geboren wurde, erreicht sie erst zum 1. November 2012 ihr Rentenalter – also erst einen Monat nach ihrem 65. Geburtstag.

Angst vor Altersarmut

Ohne eigene Vorsorge können Selbstständige mit diesen Rentenansprüchen leicht in die Falle der Altersarmut rutschen. Genau das wollten die Lembergs verhindern und haben deshalb in den vergangenen Jahren ganz bewusst von ihren Gewinnen aus dem Laden so viel wie möglich gespart. Einen Teil des Geldes haben sie in Kapitallebensversicherungen investiert. Den Rest haben sie sicher bei der Bank und in Form von Bundeswertpapieren angelegt, von riskanteren Geldanlagen wie Aktien oder Investmentfonds haben sie die Finger gelassen. Zusätzlich hoffen sie nun auf eine große Summe aus dem Verkauf des Ladengebäudes.

Sicherheit: Mehrere Möglichkeiten für eine Zusatzrente

Für die Lembergs und andere Senioren, die nur eine sehr niedrige gesetzliche Rente haben, sollte das erste Ziel sein, aus vorhandenem Vermögen eine verlässliche Zusatzeinnahme bis ans Lebensende zu schaffen.

Die Hinterbliebenenrente

Wie hoch eine Witwenrente ausfällt, hängt von mehreren Faktoren ab: dem Alter der oder des Hinterbliebenen, dem Hochzeitsjahr und der Höhe der weiteren Einkünfte wie der eigenen Altersrente oder den Einkünften aus einer Beschäftigung.

Anspruch auf die große Witwenrente haben unter anderem Männer und Frauen, die älter als 45 Jahre sind: 60 Prozent der Altersrente des Partners bekommen Frauen oder Männer, wenn sie und ihr verstorbener Partner vor dem 1. Januar 1962 geboren wurden und das Paar vor 2002 geheiratet hat. Sind diese Bedingungen nicht erfüllt, gibt es nur 55 Prozent Rente.

Wenn die Hinterbliebenen noch eigene Einnahmen haben, können diese allerdings die Witwen- oder Witwerrente schmälern.

Außerdem sollte das Ehepaar das vorhandene Vermögen so anlegen, dass gesichert ist, dass jeder von ihnen auch allein genug Geld zum Leben hat, wenn ein Partner stirbt. Denn dann könnte es finanziell eng werden: Die Witwen- oder Witwerrente beträgt nur maximal 60 Prozent der Rente des verstorbenen Ehepartners.

Wichtig: Auch von der Witwenrente ist ein Teil steuerpflichtig. Wenn der verstorbene Partner bereits eine Rente bezogen hatte, richtet sich der steuerpflichtige Anteil der Witwenrente danach, in welchem Jahr die Rente des Partners erstmals ausgezahlt wurde – nicht danach, in welchem Jahr der hinterbliebene Partner das erste Mal Witwen- oder Witwerrente bezieht.

INFOS: Wie sich der steuerpflichtige Anteil der Rente errechnet, erfahren Sie auf Seite 24.

Vermögen splitten

Angenommen, aus den Lebensversicherungen und dem Verkauf des Ladens stehen den Lembergs 250 000 Euro zur Verfügung. Einen Teil dieses Vermögens sollte Leonard Lemberg in eine private Rentenversicherung mit Sofortrente investieren. Für seine Frau käme als Sicherheit auch eine solche Privatrente infrage. Doch für sie als diejenige, die noch weiter arbeitet, gibt es eine Alternative: eine Rürup-Rente (→ Kasten, rechts). Diese Form der staatlich geförderten Altersvorsorge ist insbesondere für ältere Arbeitnehmer und Selbstständige interessant, die nur noch wenige Jahre bis zur Rente haben und größere Summen für das Alter sparen wollen.

Die Rürup-Rente bietet einen besonderen Steuerkick, durch den Anleger deutlich höhere Renditen erreichen können als dies mit einer klassischen privaten Rentenversicherung möglich ist.

Hohe Einzahlungen möglich

Ist wie bei den Lembergs ein Ehepartner bereits Rentner und zahlt dementsprechend keine Beiträge mehr in die gesetzliche Rentenversicherung ein, kann der noch arbeitende Partner deutlich über 20 000 Euro in einen Rürup-Vertrag investieren und trotzdem noch vom Steuervorteil profitieren.

Entrichten Frau Lemberg und ihr neuer Chef im Jahr 2009 beispielsweise insgesamt 3 300 Euro Rentenbeiträge an die gesetzliche Rentenversicherung, könnte die 61-Jährige als verheiratete (und mit ihrem Mann gemeinsam veranlagte) Frau theoretisch im gleichen Jahr bis zu 36 700 Euro in einen Rürup-Vertrag einzahlen.

Wichtig: Die optimale Anlagesumme für einen Rürup-Vertrag richtet sich danach, ob und wenn ja wie viel Beiträge Sie an die gesetzliche Rentenversicherung, in ein berufsständisches Versorgungswerk oder die landwirtschaftliche Alterskasse zahlen. Lassen Sie sich die optimale Anlagesumme vor Vertragsabschluss genau ausrechnen, zum Beispiel von einem Steuerberater.

Flexibilität wahren: Mit kurzfristigen Produkten mischen

In die private Rentenversicherung und in einen Rürup-Vertrag sollten die Lembergs nur so viel Geld investieren, wie nötig ist, um daraus die regelmäßigen Rentenlücken zu schließen. Vor Vertragsabschluss sollten sie sich die Mühe eines umfassenden Kassensturzes machen.

Wie funktioniert die Rürup-Rente?

Die Varianten: Rürup-Renten (auch: Basisrenten genannt) werden bisher meist als Rentenversicherungen angeboten: als klassische Versicherung oder als fondsgebundene Variante. Während der Versicherer bei der klassischen Variante das eingezahlte Geld sicher anlegt, wird er bei der fondsgebundenen Versicherung zumindest einen Teil des Geldes in Investmentfonds investieren. Je nach Marktlage können die Fonds auch Verluste bringen. Mittlerweile dürfen ähnlich wie bei Riester-Verträgen auch Banken und Fondsgesellschaften Rürup-Verträge ohne Versicherungsmantel anbieten. Wenn Sie kurz vor der Rente stehen, sollten Sie aber eher auf eine sicherere Rürup-Variante ohne Fonds setzen.

Einzahlung: Rürup-Sparer profitieren von einem Steuervorteil in der Ansparphase: Bis zu 20 000 Euro im Jahr erkennt das Finanzamt für eine Person an Altersvorsorgebeiträgen an, für zusammen veranlagte Ehepaare sind es 40 000 Euro. Als Altersvorsorgebeiträge gelten Beiträge zur gesetzlichen Rentenversicherung, für ein berufsständisches Versorgungswerk oder die landwirtschaftliche Alterskasse sowie eben die Beiträge für einen Rürup-Vertrag. Diese Vorsorgebeiträge erkennt das Finanzamt in der Steuererklärung zum Großteil als Sonderausgaben an – 2008 sind es 66 Prozent (maximal 13 200 Euro für Alleinstehende, 26 400 Euro für Ehepaare). Der Anteil steigt jedes Jahr an. Je höher die Sonderausgaben, desto niedriger fällt die zu zahlende Steuer aus.

Auszahlung: Die ausgezahlten Rürup-Renten sind steuerpflichtig. Die Höhe des steuerpflichtigen Anteils hängt wie bei der gesetzlichen Rente vom Beginn der Zahlung ab: Wer 2011 die erste Rürup-Rente bezieht, muss auf Dauer 62 Prozent der Leistungen beim Finanzamt abrechnen.

Voraussetzungen: Für den Steuervorteil muss der Rürup-Vertrag mehrere Voraussetzungen erfüllen: So darf eine Rürup-Rente nicht vererbbar sein, und Auszahlungen sind nur in Form einer lebenslangen Rente möglich. Die erste Auszahlung darf es nicht vor dem 60. Lebensjahr geben.

Tipp: Vergleichen Sie unbedingt mehrere Rürup-Produkte, bevor Sie einen Vertrag abschließen. Die Unterschiede bei den garantierten Renten sind zum Teil beträchtlich. Weitere Informationen und einen Test von Rürup-Angeboten finden Sie unter www.test.de.

Für den Rest des Geldes sollte das Paar eine Mischung aus sicheren Sparprodukten mit unterschiedlichen Laufzeiten wählen – angefangen bei Tagesgeldkonto oder Tagesanleihe des Bundes bis hin zu mittel- bis langfristigen Anlagen wie Bundesschatzbrief oder Bundesanleihe.

Ist die sichere finanzielle Basis geschaffen, um die regelmäßig anfallenden Ausgaben decken zu können, können die Lembergs einen Teil des Geldes auch in Fonds investieren. Infrage kommen insbesondere Rentenfonds Euro.

Auch Aktienfonds Welt können in ihrer Situation noch infrage kommen, wenn sie das angelegte Geld aller Voraussicht nach nicht in naher Zukunft benötigen. Doch auch hier gilt: Nur wenn die Eheleute persönlich das damit verbundene Risiko für höhere Renditechancen eingehen wollen. Schon zu Erwerbszeiten haben die Lembergs immer eher auf sichere Anlagen gesetzt. Wenn sie weiterhin das Risiko scheuen, sollten sie nicht gegen ihre persönliche Neigung handeln und mehr riskieren, nur weil die Summe aus dem Ladenverkauf so schön hoch erscheint.

Steuer: Auf Laufzeiten und Ausschüttungen achten

Für Sparer wie die Lembergs kann es sich aus steuerlichen Gründen lohnen, wenn sie die Laufzeiten der einzelnen Sparangebote im Blick haben und darauf achten, wann und wie die Erträge ausgeschüttet werden. Grundsätzlich gilt zwar, dass Kapitaleinkünfte ab 2009 pauschal mit 25 Prozent versteuert werden. Wenn allerdings ein Rentner einen niedrigeren persönlichen Steuersatz hat, muss er auch nur diesen für seine Kapitaleinkünfte zahlen.

Deshalb könnte es sich beispielsweise lohnen, wenn jemand, der wenige Jahre vor der Rente steht, einen Sparbrief wählt, bei dem die Bank die Zinsen erst am Ende der Laufzeit ausschüttet. Denn im Rentenalter dürfte der persönliche Steuersatz niedriger und womöglich unter 25 Prozent liegen. Wird dann der Sparerpauschbetrag überschritten und die neue Abgeltungsteuer fällig, darf das Finanzamt maximal den persönlichen Steuersatz verlangen.

Mit Geldanlage kleine Extras schaffen

Die regelmäßigen Zahlungen – sei es aus der gesetzlichen Rente, aus einer betrieblichen Altersvorsorge oder aus einer privaten Rentenversicherung – reichen, um alle stets anfallenden Ausgaben zu decken. Ist diese sichere finanzielle Basis vorhanden, benötigen Sie keine private Rentenversicherung als zusätzliche Einnahmequelle. Stattdessen können Sie stärker auf flexiblere Sparangebote setzen. Ihre weitere Geldanlage kann deutlich mehr als bei den vorherigen Beispielen das Ziel haben, ein zusätzliches Polster zu schaffen – etwa für Ausgaben in der Zukunft oder kleine Extras, die man sich sonst vielleicht nicht gönnen könnte oder wollte.

Sparen ohne konkretes Ziel

Beispiel: Henriette Hausmann ist seit vier Jahren Rentnerin, ihr Mann Hermann seit sechs Jahren. Kinder haben sie nicht. Die ehemalige Sekretärin kommt auf eine monatliche Rente von 850 Euro, der frühere Kfz-Mechaniker bezieht 1150 Euro gesetzliche Rente. Hinzu kommen eine betriebliche Altersvorsorge von 300 Euro aus einer Direktversicherung für Herrn Hausmann sowie eine private Rente von 350 Euro aus einem Vertrag, in den Frau Hausmann eingezahlt hat. Aus einer Erbschaft hat das Paar noch etwa 40 000 Euro übrig, einen Teil des Erbes hatten die Hausmanns vor zwei Jahren für die Sanierung der Heizungsanlage ihres Hauses benötigt. Der Großteil des Geldes – rund 30 000 Euro – liegt auf einem Festgeldkonto, der Rest auf dem gemeinsamen Girokonto.

Mit ihren derzeitigen Einnahmen kommen die Hausmanns gut hin. Nehmen wir an, sie überlegen sich, nicht heute alles ausgeben zu wollen, sondern jetzt etwas zurückzulegen, um künftig mehr finanziellen Spielraum zu haben, etwa falls einer von beiden pflegebedürftig werden sollte. Wann und ob sie das Geld benötigen, wissen sie nicht. Sie möchten aber auf der sicheren Seite sein, falls womöglich eine Pflegekraft nötig wird oder ihr Haus pflegegerecht umgebaut werden muss. Da ihr Eigenheim nicht mehr das jüngste ist, kann es außerdem passieren, dass sie hier und da mal etwas richten lassen müssen, zum Beispiel am Dach oder an den Fenstern. Immerhin haben sie eine große Investition mit der Heizungsanlage bereits hinter sich.

Sicherheit: Abstriche bei der Rendite

Auch wenn die Hausmanns im Moment finanziell gut hinkommen, sollten sie für ihre weitere Geldanlage einen sicheren Weg einschlagen. Ihr Ziel ist es, vielleicht schon in fünf, vielleicht aber auch erst in zehn Jahren auf ein Polster zurückgreifen zu können. Mit diesem nicht genau absehbaren Anlagehorizont wäre es fahrlässig, das Geld aus der Erbschaft beispielsweise in Aktienfonds zu investieren.

Das Risiko wäre zu groß: Für ein Aktienfondsinvestment sollte der Anlagehorizont mindestens zehn, besser 15 Jahre betragen. Denn wenn das Geld zu einem bestimmten Zeitpunkt dringend benötigt wird, kann ein kurzfristiger Verkauf zu unnötigen Verlusten führen.

Deutlich sicherer wäre beispielsweise die Investition in einen Rentenfonds Euro. Doch auch hier sind Verluste nicht gänzlich ausgeschlossen: Wenn jemand in Zeiten steigender Zinsen seine Fondsanteile verkaufen muss, kann es sein, dass er weniger zurückbekommt als er selbst investiert hat. Das sollten die Hausmanns einkalkulieren, wenn sie sich für diese Variante entscheiden und zumindest nicht ihr gesamtes Vermögen, sondern wenn dann nur einen Teil in einen solchen Fonds investieren.

Sicherer wäre es für die Hausmanns, wenn sie ihr freies Vermögen in Bundeswertpapiere wie Bundesanleihen oder Bundesschatzbriefe oder aber in Sparanlagen der Banken stecken. Dann gehen sie kein Risiko ein.

Flexibilität wahren: Immer mischen

Wichtig ist, dass sie Angebote mit unterschiedlichen Laufzeiten kombinieren. So bleiben sie flexibel und können besser auf veränderte Lebenssituationen reagieren. Wegen des nicht absehbaren Anlagehorizonts sollten sie sich zumindest zum Teil für weitere Produkte entscheiden, die ihnen die Möglichkeit zu einem vorzeitigen Ausstieg bieten. Hier machen die Banken verschiedene Angebote für Einmalanlagen, und auch unter den Bundeswertpapieren kann das Paar fündig werden.

So könnten die Hausmanns beispielsweise Bundesanleihen vor Ende der Laufzeit über die Börse wieder verkaufen. Dabei kann es aber unter Umständen zu Kursverlusten kommen, wenn die Papiere in einer Phase steigender Zinsen verkauft werden müssen. Handlungsspielraum erhalten sich die Hausmanns außerdem mit Bundesschatzbriefen. Diese haben zwar eine Laufzeit von sechs oder auch sieben Jahren, doch nach Ablauf eines Jahres können sie die Papiere jederzeit wieder zurückgeben.

Keine Zinsen verschenken

Das Geld, das bei den Hausmanns derzeit auf dem Girokonto schlummert, sollte das Paar auf jeden Fall anders anlegen, damit es Rendite bringt. Als Parkplatz für eine Notreserve eignen sich statt des Girokontos ein Tagesgeldkonto oder die Tagesanleihe des Bundes. Hier sind Zinsen von mehr als 4 Prozent möglich, während das Geld auf dem Girokonto häufig unverzinst herumliegt. Angenommen, sie erzielen durchschnittlich 4 Prozent Rendite im Jahr. Dann sind aus den 10 000 Euro nach zehn Jahren 14 802 Euro geworden.

Regelmäßig weitersparen

Wenn Sie wie Familie Hausmann das Gefühl haben, Sie können von Ihren Einnahmen regelmäßig zumindest noch eine kleine Summe auf die Seite legen, ist ein Sparplan der Bank eine bequeme Möglichkeit, ein zusätzliches Polster aufzubauen. Bei den Bankprodukten reichen meist schon kleine

Anlagesummen wie 25 Euro im Monat. Selbst das kann sich bereits lohnen: Zahlt ein Sparer zehn Jahre lang monatlich 25 Euro ein, werden bei einer Verzinsung von 4 Prozent aus den insgesamt eingezahlten 3000 Euro immerhin knapp 3680 Euro.

Wichtig: Entscheiden Sie sich lieber für einen Sparplan mit festem und nicht mit variablem Zinssatz. Dann wissen Sie, was am Ende herauskommt. Achten Sie außerdem bei Vertragsabschluss auf die Ausstiegsmöglichkeiten, die das Produkt bietet.

Auch ein Sparplan auf Bundesschatzbriefe wäre eine Alternative, bei der Sie relativ flexibel bleiben. Die Mindestanlagesumme beträgt 52 Euro im Monat.

Steuer: Ohne Mühe kein Geld zurück

Egal für welche Sparprodukte sich die Hausmanns entscheiden: Wenn sie keine Nichtveranlagungsbescheinigung haben (➔ Seite 32) und Kapitalerträge über dem Sparerpauschbetrag erwirtschaften, kommen sie an der Abgeltungsteuer erst einmal nicht vorbei. Bei einer Anlagesumme von etwa 40000 Euro erreichen sie den Sparerpauschbetrag, wenn sie in einem Jahr rund 4 Prozent Rendite mit ihren Geldanlagen erzielen, bei besseren Renditen überschreiten sie ihren Freibetrag.

Diesen Sparerpauschbetrag können sie bei nur einer Bank in Anspruch nehmen, sie können ihn aber auch auf mehrere Institute verteilen und dort jeweils Freistellungsaufträge für ihre Kapitalerträge erteilen. Bei Kapitalerträgen bis zur Höhe des Freistellungsauftrags wird die Bank keine Abgeltungsteuer an das Finanzamt überweisen. Wird der Freistellungsauftrag aber überschritten, führt sie für die Erträge über diesem Betrag die neue Steuer von 25 Prozent zuzüglich Solidaritätszuschlag und eventuell Kirchensteuer ab.

TIPP

Rentner in einer ähnlichen Situation sollten zunächst prüfen, ob eine Nichtveranlagungsbescheinigung infrage kommt. Sie bekommen sie bei ihrem Finanzamt (➔ ausführlich Seite 32).

Steuererklärung wird sich lohnen

Wenn die Bank für die Hausmanns Abgeltungsteuer abführt, dürfte es sich für sie auf jeden Fall lohnen, es nicht bei einer pauschalen Steuerzahlung durch die Bank oder die Banken zu belassen, sondern die Zinsen in der Anlage KAP zur Steuererklärung mit abzurechnen. So können sie sich vermutlich sogar die komplette vorab gezahlte Steuer zurückholen.

Selbst Rentner, die etwas höhere Einkünfte als die Hausmanns haben, sollten prüfen, ob sich die Mühe der Steuererklärung nicht für sie lohnt. Dafür gibt es zwei Gründe: Zum einen liegt ihr persönlicher Grenzsteuersatz womöglich unter 25 Prozent. Das heißt, sie müssen nicht 25 Prozent Abgeltungsteuer zahlen, sondern nur ihren niedrigeren persönlichen Steuersatz.

Und zum anderen würden sie ohne Steuererklärung ihren Anspruch auf den Altersentlastungsbetrag verschenken, wenn sie im entsprechenden Steuerjahr mindestens 64 Jahre alt waren. Durch diesen Freibetrag ist von den Zinsen oberhalb des Sparerpauschbetrags noch einmal ein bestimmter Anteil steuerfrei – maximal sind es 1 900 Euro pro Person (→ Tabelle, Seite 25).

Wichtig: Wenn beide Ehepartner Inhaber eines Kontos sind und beide zu Beginn eines Steuerjahres bereits 64 Jahre alt sind, haben sie auch beide Anspruch auf den Altersentlastungsbetrag für die dort erzielten Zinsen. Es kann sich also durchaus lohnen, ein Konto, das bisher nur auf einen Partner lief, auf beide Partner umzuschreiben. Denn dann teilt das Finanzamt die Kapitaleinkünfte auf beide Partner auf und gesteht beiden für ihren Teil den Altersentlastungsbetrag zu.

Sparen mit konkretem Ziel

Anders als Familie Hausmann weiß der Witwer Franz Fischer im folgenden Beispiel ziemlich genau, wofür er in Zukunft zumindest einen Großteil seines Vermögens benötigt: für eine neue Wohnung oder den Umbau seines derzeitigen Zuhauses.

Beispiel: Franz Fischer ist 65 und Rentner. Er bekommt nun seine Kapitallebensversicherung ausgezahlt. Außerdem stecken rund 30 000 Euro seit mehreren Jahren in offenen Immobilien- und in Rentenfonds. Insgesamt kommt er auf ein Vermögen von rund 150 000 Euro. In absehbarer Zeit wird der Witwer viel Geld brauchen: Die Ärzte haben ihm prognostiziert, dass er trotz überstandener Knie- und Hüftoperationen bald nicht mehr ganz ohne Rollstuhl auskommen wird. Das bedeutet entweder einen Umzug oder den Umbau seines Hauses. Seiner Tochter möchte er auf keinen Fall zur Last fallen. Da er nicht mehr so beweglich ist, ist es ihm wichtig, alle Geldgeschäfte an einem Ort zu erledigen.

Sicherheit: Zwischenparkplatz für große Summen

Für Franz Fischer geht es darum, eine große Summe so flexibel anzulegen, dass er vielleicht in einem, vielleicht in zwei Jahren darauf zurückgreifen kann: Wenn es zu Hause nicht mehr geht und er die passende Wohnung in einer Anlage für betreutes Wohnen gefunden hat, die er zum Beispiel für 100 000 Euro bekommen kann. Gleichzeitig benötigt er finanzielle Sicherheit, denn Anlageverluste würden ihm einen Umzug erschweren.

Infrage kommt für Franz Fischer die Anlage auf einem Festgeldkonto bei der Bank. Hier könnte er sein Geld für einige Monate deponieren, um dann zu schauen, wie sich seine gesundheitliche Situation bis dahin entwickelt hat und ob er das passende Wohnungsangebot bereits gefunden hat. Umso wichtiger ist es dann, dass er den Zeitpunkt, wann das Geld fällig wird, im Auge behält.

Steht von vornherein fest, dass sich der Zeitraum bis zum Wohnungskauf auf jeden Fall noch etwas weiter hinzieht – zum Beispiel mindestens zwei Jahre – kommen auch andere Angebote wie Sparbriefe oder auch Einmalanlagen mit vorzeitiger Kündigungsmöglichkeit infrage. Hier könnte Franz Fischer die 100 000 Euro, die er für den Immobilienkauf einkalkuliert, anlegen. Bei einer Verzinsung von 4,5 Prozent könnte er aus dieser Summe nach zwei Jahren rund 109 200 Euro machen.

Wichtig: Gerade bei so großen Anlagesummen lohnt es sich auch für bequeme Sparer, die Angebote mehrerer Banken zu vergleichen. Zinsunterschiede von nur wenigen Zehntel-Prozent machen eine Menge aus: Eine Verzinsung von 4,3 Prozent brächte Franz Fischer rund 400 Euro weniger als die 4,5-Prozent-Verzinsung.

TIPP

Kalkulieren Sie nicht zu knapp, wenn Ihnen eine solch große Investition bevorsteht. Schaffen Sie einen Puffer, um zum Beispiel auch Handwerker und Umzugsfirma sicher bezahlen zu können.

Wüsste Franz Fischer, dass er mit den veranschlagten 100 000 Euro auf jeden Fall für die Wohnung auskommt, würde es auch reichen nur knapp 91 600 Euro bei einer solchen Verzinsung von 4,5 Prozent sicher für diesen kurzen Zeitraum anzulegen. Doch kann er ausschließen, dass keine weiteren Kosten anfallen?

Kurzfristiges Sparziel steht im Vordergrund

Sein Sparziel der behindertengerechten Wohnung sollte Franz Fischer nicht aufs Spiel setzen. Deshalb sind riskantere Anlagen wie Fonds oder Zertifikate für den benötigten Betrag keine sinnvolle Option.

Doch auch bei den sicheren Anlagen scheiden bei seinen eher kurzfristigen Finanzierungsplänen einige aus, nämlich alle mit einem mittel- oder auch langfristigen Anlagehorizont. Das heißt, Produkte wie Bundesanleihen und Pfandbriefe bleiben für ihn außen vor. Theoretisch können sie zwar vor Ende der Laufzeit wieder verkauft werden, doch mit Festgeld und Einmalanlagen gibt es passender zugeschnittene Produkte.

Renditechancen: Fonds arbeiten lassen

Wenn Franz Fischer die 30 000 Euro seines Vermögens, die derzeit in Renten- und Immobilienfonds stecken, nicht zwingend für die Wohnungsfinanzierung benötigt, ist das von Vorteil: Er ist nicht auf einen bestimmten Verkaufstermin angewiesen. Sobald aber ein Großteil seines sonstigen Vermögens in die Finanzierung der neuen Wohnung geflossen ist, sollte er sich bald von seinen Fondsanteilen trennen und das verbleibende Vermögen so umschichten, dass er wieder eine Mischung aus kurz- und mittelfristigen Anlagen besitzt. Dann bleibt er flexibel.

TIPP

Den Antrag für ein Schuldbuch bei der Deutschen Finanzagentur können Sie telefonisch bestellen. Sie bekommen ihn dann zugeschickt, füllen ihn aus und lassen sich Ihre Unterschrift von Ihrer Bank bestätigen, ehe Sie ihn zurückschicken.

Bequem alles aus einer Hand

Das geht sogar, obwohl Herr Fischer möglichst wenig Mühe mit den Geldgeschäften haben will und jegliche Betreuung am liebsten aus einer Hand wünscht. Theoretisch könnte er bei „seiner" Bank unterschiedliche Produkte kombinieren und auch über seine Bank Bundeswertpapiere erwerben.

Dafür können jedoch Gebühren anfallen. Diese ließen sich sparen, wenn Franz Fischer selbst ein Schuldbuch bei der Deutschen Finanzagentur eröffnet, wo er seine Bundeswertpapiere verwahrt (➔ Seite 64).

Wichtig: Bei Direktbanken sind bei gleicher Sicherheit höhere Renditen als bei Filialbanken möglich. Bei ausländischen Banken sollten Sie sicherheitshalber Höchstgrenzen beachten (➔ Seite 53). Möglicher Nachteil: Direktbanken sind nur über das Internet oder telefonisch zu erreichen. Doch Sie können alle Geschäfte bequem von zu Hause tätigen. Falls Sie noch kein Freund von Internetbanking sind, sollten Sie überlegen, ob Sie den Schritt nicht doch wagen möchten.

Sparen auch für die Angehörigen

Mit einer so großen Investition wie Franz Fischer rechnen Kristina und Konrad Krämer im folgenden Beispiel nicht. Auch brauchen sie ihr Geld nicht so kurzfristig. Relativ konkrete Sparziele haben die beiden Senioren, die kurz vor Rentenbeginn den Kredit für ihr eigenes Häuschen getilgt hatten, aber trotzdem:

Beispiel: Kristina und Konrad Krämer sind Anfang 70 und beide seit sieben Jahren in Rente. Neben der gesetzlichen Rente bezieht Frau Krämer eine Werkspension, Herr Krämer hatte bis vor kurzem einen 400-Euro-Job, den er nun aufgegeben hat. Trotzdem wird das Geld aus Renten und Pensionen reichen, um die regelmäßigen Ausgaben zu decken. Über die vergangenen Jahrzehnte haben die Krämers ein Polster von 80 000 Euro angespart. Von dem Geld wollen sie sich weiterhin kleine Extras wie Wochenendausflüge oder Opernkarten gönnen und auch Kinder und Enkel sollen etwas davon haben. Ein Ziel: Alle drei Enkel sollen zum Beginn der Ausbildung einen Zuschuss bekommen. Der erste von ihnen wird in drei Jahren sein Abitur machen, die beiden anderen in sechs Jahren.

Da die Krämers konkrete Anlageziele haben – zum Beispiel „In drei Jahren soll unser Enkel Geld fürs Studium bekommen" – können sie ihre Anlage genau darauf ausrichten.

Sichere Anlage für die Enkel

Das Geld, das für den ältesten Enkel vorgesehen ist, können sie beispielsweise in einen Sparbrief investieren, der keine vorzeitige Ausstiegsmöglichkeit bietet. Sie verzichten dann zwar auf die Chance, vorzeitig an ihre Einlage heranzukommen, werden dafür aber in der Regel mit etwas höheren Zinsen belohnt.

Für das Zielsparen der Krämers gibt es weitere Alternativen. So können sie zum Beispiel für die beiden anderen Enkel, die in sechs Jahren die Schule beenden, einen Banksparplan einrichten und hier regelmäßig eine bestimmte Summe einzahlen.

Wichtig: Ein Aktienfonds-Sparplan für die Enkel wäre in der Situation der Krämers nicht so gut, weil das Geld mittelfristig zur Verfügung stehen soll. Bei kleineren Kindern oder einem längeren Anlagehorizont von etwa 15 Jahren wäre ein solcher Fondssparplan aber eine empfehlenswerte Anlageform, mit der deutlich höhere Renditen möglich sind.

Alternative Bank-Auszahlplan

Eine weitere Alternative wäre, für die Enkel einen Auszahlplan bei der Bank abzuschließen, wenn sie ihre Ausbildung beginnen. Die Krämers zahlen dann eine bestimmte Summe ein, sodass den Auszubildenden monatlich immer eine feste Summe zur Verfügung steht.

Einen solchen Auszahlplan können die Krämers natürlich auch für sich selbst abschließen. Er könnte infrage kommen, wenn das Paar weiß, dass es gerade die nächsten Jahre – solange es die Gesundheit noch zulässt – für seine regelmäßigen Ausflüge nutzen kann und will. Wenn es ihnen deshalb jetzt wichtig ist, eine bestimmte Summe regelmäßig zusätzlich in der Hand zu haben, gleichzeitig aber noch nicht ihr gesamtes Vermögen auszugeben, können sie das mit einem Auszahlplan bequem erreichen.

Sie überlegen daher, einen Teil ihres Geldes erst einmal sicher weiter in Bankprodukte und Bundeswertpapiere anzulegen und nur einen Teil – zum Beispiel 20 000 Euro – in einen Bankauszahlplan zu investieren und sich daraus mit Kapitalverzehr eine Rente auszahlen zu lassen. Nach Ende der Laufzeit sind die 20 000 Euro zwar weg, doch die übrigen Anlagen haben weiter Zinsen erwirtschaftet.

Wichtig: Es gibt auch Bankauszahlpläne ohne Kapitalverzehr. Wenn Sie allerdings nur von den Zinsen eine vergleichbare Zusatzrente erzielen wollen, müssten Sie deutlich mehr investieren.

Flexibilität wahren: Nicht alles in eine Anlage

Die Krämers sollten auf keinen Fall mehr in einen Auszahlplan einzahlen als sie wirklich an zusätzlichen regelmäßigen Einnahmen neben der Rente wünschen. Denn an den Konditionen, die für so einen Auszahlplan vereinbart wurden, lässt sich im Nachhinein in der Regel nichts mehr ändern. Benötigen sie beispielsweise nach drei Jahren Geld für ein neues Auto, können sie dafür nicht das Vermögen im Auszahlplan nutzen, wenn dieser mit einer Laufzeit von fünf oder zehn Jahren abgeschlossen wurde.

Flexibler bleiben die Krämers, wenn sie sich ihren eigenen Auszahlplan zusammenstellen. Das ist zwar nicht ganz so bequem wie das Angebot einer Bank, doch es lässt dem Ehepaar mehr Freiräume. Angenommen die Krämers wissen, dass sie auf jeden Fall dreimal im Jahr zumindest eine kleine Reise unternehmen wollen. Dann wäre eine Möglichkeit, dass sie sichere Sparangebote der Banken oder des Bundes so kombinieren, dass die Zinszahlungen jeweils zu den angestrebten Zeiten ausgeschüttet werden.

Mit Anleihen ergänzen

Als weitere Alternativen, um risikofrei Geld anzulegen und Papiere unterschiedlicher Laufzeiten zu kombinieren, eignen sich auch sichere Anleihen wie Bundesanleihen und Pfandbriefe. Wer größere Summen langfristig anlegen möchte und beispielsweise Bundesanleihen mit einer Laufzeit von zehn Jahren kauft, geht faktisch kein Verlustrisiko ein. Denn bisher ist es noch nie passiert, dass der Bund seine Schulden bei den Anlegern nicht zurückzahlen konnte.

Nur wenn Sie Ihre Anleihen vorher verkaufen, kann es passieren, dass Sie Kursverluste für Ihre Papiere in Kauf nehmen müssen – aber natürlich sind je nach Marktlage dann auch Kursgewinne möglich.

TIPP

Durch die geschickte Kombination verschiedener Laufzeiten können Sie sich auch mit Bundesanleihen eine Zusatzrente aus Zinsen sichern (➔ Seite 77). Aufgrund der anfallenden Kosten lohnt sich die Investition in Bundesanleihen in der Regel erst, wenn Sie größere Summen anlegen wollen.

Mehr Rendite möglich?

Auch wenn in den vorherigen Fallbeispielen die sicheren Produkte dominieren, heißt das nicht, dass riskantere Anlagen wie Aktienfonds oder bestimmte Zertifikate für Rentner ein Tabuthema sind. Wenn Sie zum Beispiel sicher wissen, dass Sie einen Teil Ihres Vermögens sowieso nicht selbst nutzen, sondern auf jeden Fall den Kindern hinterlassen wollen, ist es durchaus möglich, dass Sie beispielsweise auch in Aktienfonds investieren.

Entscheidend ist der Anlagehorizont: Es wäre ungünstig, wenn zum Beispiel die Fondsanteile in sechs Jahren doch zwingend verkauft werden müssten. Wenn jedoch feststeht, dass das Geld etwa in den nächsten 15 Jahren nicht angetastet werden soll und für einen Umbau des Hauses oder weitere zwingende Investitionen andere Mittel zur Verfügung stehen, kommen auch Aktienfonds infrage – aber nur, wenn Sie noch einigermaßen ruhig schlafen könnten, falls die Kurse zwischenzeitlich in den Keller rutschen.

Wichtig: Kalkulieren Sie bei Ihren Anlageplanungen unbedingt mit ein, dass sich ihre regelmäßigen Ausgaben plötzlich erhöhen können.

Und: Vergessen Sie nicht die Inflation. Wenn Sie feststellen, dass Sie derzeit beispielsweise 1 500 Euro im Monat für den alltäglichen Bedarf ausgeben, benötigen Sie selbst bei einer Inflationsrate von jährlich nur 2 Prozent in zehn Jahren knapp 1 830 Euro dafür. Und es ist keinesfalls sicher, dass die Renten in gleichem Maß steigen wie die Preise.

Mit etwas Risiko mehr Luxus nebenbei

Allen vorherigen Beispielen war eines gemeinsam: Verluste aus der Geldanlage wären für diese Rentner nur schwer zu verkraften oder zumindest sehr unangenehm. Zwar kommen alle irgendwie hin mit ihren Einnahmen, doch das wirkliche „Spielgeld“, von dem sie zur Not auch mal einen Teil verlieren könnten, haben sie aufgrund aktueller oder zu erwartender Investitionen nicht.

Das ist bei den folgenden Beispielen etwas anders. Sie zeigen, welche Anlagemöglichkeiten sich Ruheständlern bieten, die finanziell in einer noch komfortableren Lage sind. Doch auch für sie gibt es einige Grenzen und Schwierigkeiten zu beachten, wenn sie mit Erfolg mehr aus ihrem Geld machen wollen.

Finanzielle Spielräume nutzen

Beispiel: Jeden Monat steht Gertrud und Günther Guthmann nach Abzug der Beiträge zur Kranken- und Pflegeversicherung ein Einkommen von 3300 Euro zur Verfügung – deutlich mehr als sie regelmäßig zum Leben und für ihre Hobbys benötigen. Die Summe setzt sich vor allem aus der Pension der ehemaligen Lehrerin, der gesetzlichen Rente des früheren Chefbuchhalters und einer Betriebsrente seines früheren Arbeitgebers zusammen. Hinzu kommen meist noch 400 Euro im Monat aus der vermieteten Einlieger-Wohnung in ihrem Haus. Schon während des Berufslebens hat das Paar Geld zur Seite gelegt. Ein Teil davon steckt in Aktienfonds und offenen Immobilienfonds. Der Rest ist sicher angelegt. Da es Günther Guthmann Spaß macht, die Finanzmärkte zu beobachten, überlegt er, wie er nun weiter vorgehen soll und ob er vielleicht Teile des Vermögens umschichten sollte.

Ruheständlern wie den Guthmanns stehen mehr Möglichkeiten für die Geldanlage offen als den Rentnern der bisherigen Fallbeispiele. Weil im Ernstfall beide Partner ihr eigenes Einkommen haben, ist es für das Paar nicht notwendig, mit einer Einzahlung für eine private Sofortrente eines Versicherers oder in einen fixen Auszahlplan der Bank die regelmäßigen Einnahmen weiter aufzustocken.

Rendite: Mehr aus dem Vermögen machen

Da die regelmäßigen Einnahmen in jedem Fall ausreichen, um die zwingend notwendigen Ausgaben und die kleinen Extras wie Restaurant- und Theaterbesuche zu decken, spricht nichts dagegen, dass die Guthmanns wie bisher einen Teil ihres Vermögens in Aktienfondsanteilen halten und auf höhere Renditechancen setzen: Mögliche Verluste kann das Paar verkraften, selbst wenn seine Ausgaben plötzlich steigen sollten.

TIPP

Für Anleger, die eine etwas bequemere Geldanlage als aktiv gemanagte Aktienfonds wünschen, eignen sich vor allem Indexfonds. Diese verlaufen parallel zur Entwicklung des Index, den sie nachbilden (➔ Seite 87).

Auf die Ausrichtung der Fonds achten

Basis ihres Depots sollten breit streuende Aktienfonds Welt oder Europa sein oder Indexfonds (➔ Seite 87) dieser Kategorie. Mit ihnen ist das Risiko von Verlusten geringer als etwa mit speziellen Länder- oder Branchenfonds.

Günther Guthmann sollte auf jeden Fall regelmäßig prüfen, wie sich die Fonds in seinem Depot entwickeln.

Rente aus Fonds

Die Guthmanns können sich aus ihrem Fondsdepot auch eine zusätzliche Rente schaffen – beispielsweise, wenn sie kein Interesse mehr haben, fremde Leute in der Einliegerwohnung in ihrem Haus unterzubringen und einen Ersatz für die 400 Euro Mieteinnahmen wünschen. Dann könnte Günther Guthmann zu einem günstigen Zeitpunkt im Jahr so viele Fondsanteile verkaufen, dass der Erlös zwölf Monate lang jeweils für etwa 400 Euro als zusätzliche regelmäßige Einnahme ausreicht. Das Geld aus dem Fondsverkauf legt er dann auf einem Tagesgeldkonto an, und das Paar kann sich regelmäßig davon bedienen.

Eine Alternative wäre, er verkauft jeden Monat so viele Fondsanteile, dass 400 Euro dabei herauskommen. Dieser Weg wäre aber ungünstiger, denn so kann es passieren, dass er in einem Monat bei schlechter Marktlage mehr Anteile verkaufen muss als ihm lieb ist.

TIPP

Das Risiko eines ungünstigen Verkaufszeitpunkts lässt sich deutlich verringern, wenn Sie für Ihre Zusatzrente nur einmal im Jahr Fonds verkaufen müssen und finanziell so viel Spielraum haben, dass Sie zur Not den Verkauf der Anteile auch auf einen späteren Zeitpunkt verschieben können.

Verluste vermeiden mit dem Garantiedepot

Sinnvoll ist, wenn Sie nicht Ihr gesamtes Vermögen in Aktienfonds investieren, sondern eine solch riskante Anlage mit festverzinslichen Sparangeboten des Bundes oder der Banken kombinieren. Ein kurzfristig verfügbares Notfallpolster auf einem Tagesgeldkonto sollten auch wohlhabende Senioren unbedingt haben.

Gegen mögliche Verluste aus dem Fondsinvestment können sich Anleger wie Günther Guthmann absichern, wenn sie dieses in ein „Garantiedepot“ einbetten. Das bedeutet – einfach gesagt – sie legen so viel Geld festverzinst sicher an, dass die Erträge aus dieser Anlage ausreichen, um mögliche Verluste der Fonds auszugleichen. Im schlechtesten Fall würden dann die Erträge aus den Festzinsanlagen im Garantiedepot gerade ausreichen, um die Verluste zu decken.

TIPP

Fünf Jahre sollte ein Garantiedepot mindestens laufen. Wenn Sie sich für einen längeren Zeitraum entscheiden, ist das Verlustrisiko noch geringer.

Nehmen wir beispielsweise an, Günther Guthmann hat sich überlegt, jenseits seiner bisherigen Geldanlagen noch 15 000 Euro anzulegen – auf Fonds will er dabei nicht verzichten. Er denkt daran, es mit einem solchen Garantiedepot zu versuchen. Als Festzinsangebote kommen zum Beispiel Bankprodukte mit fester Laufzeit oder auch Bundesanleihen infrage. Er entscheidet sich für einen Sparbrief, der ihm bei einer Laufzeit von fünf Jahren 4,5 Prozent Rendite bringt

INFOS: Weitere Informationen zu allen Fragen rund um Fonds finden Sie im Ratgeber der Stiftung Warentest „Fonds – Basiswissen für Einsteiger“.

Die richtige Mischung finden

Um das passende Mischungsverhältnis zwischen sicherer und riskanter Anlage zu finden, muss sich Herr Guthmann nun fragen: Wie hoch ist das Verlustrisiko der Fonds? Nur wenn er hiervon eine Vorstellung hat, kann er bestimmen, wie groß der festverzinsliche Anteil seiner Anlage sein muss, um mögliche Verluste auszugleichen.

Um eine absolute Garantie zu haben, muss Guthmann den festverzinslichen Anteil so hoch wählen, dass selbst bei einem Totalverlust der Fondsanteile der Zinsertrag zum Ausgleich dieser Verluste reicht: Die Stiftung Warentest hat für so einen Fall ausgerechnet, dass bei einer Anlagedauer von fünf Jahren der festverzinsliche Anteil in dem Garantiedepot bei 84,66 Prozent liegen müsste (➔ Tabelle, nächste Seite).

Bei dieser Rechnung sind die Abgeltungsteuer von 25 Prozent und der Solidaritätszuschlag berücksichtigt. Im Fall von Herrn Guthmann bedeutet dies: Er könnte von seinen 15 000 Euro 2 301 Euro – rund 15 Prozent – in einen Aktienfonds investieren. Selbst wenn er diese 2 301 Euro komplett verlieren würde, würden die Zinsen aus den festverzinslich angelegten 12 699 Euro (15 000 minus 2 301) ausreichen, um diesen Verlust zu decken.

Allerdings ist die Wahrscheinlichkeit, dass Aktienfonds ihren kompletten Wert verlieren, äußerst gering. Selbst in schlimmsten Börsenphasen sind bei global oder europaweit ausgerichteten Aktienfonds Verluste von mehr als 60 Pro-

Garantiedepot: So hoch sollte der Anteil an sicheren Anlagen sein

Die Tabelle zeigt, wie hoch der prozentuale Anteil an sicheren Zinsanlagen für verschiedene Anlagezeiträume sein muss, um zu gewährleisten, dass die Gesamtsumme am Ende voll erhalten bleibt. Dabei sind die Abgeltungsteuer und der Solidaritätsbeitrag schon berücksichtigt.

Anlagezeitraum in Jahren	Depotanteil der Zinsanlagen (in Prozent) bei einer sicheren Rendite von ... Prozent pro Jahr										
	3,50	3,75	4,00	4,25	4,50	4,75	5,00	5,25	5,50	5,75	6,00
5	88	87	86	85	**85**	84	83	82	82	81	80
6	86	85	84	83	82	81	80	79	78	77	76
7	83	82	81	80	79	78	77	76	75	74	73
8	81	80	79	77	76	75	74	73	72	71	70
9	79	78	76	75	74	72	71	70	69	68	66
10	77	75	74	72	71	70	68	67	66	64	63
11	75	73	72	70	69	67	66	64	63	62	60
12	73	71	69	68	66	65	63	62	60	59	57
13	71	69	67	65	64	62	61	59	57	56	55
14	69	67	65	63	61	60	58	56	55	53	52
15	67	65	63	61	59	57	56	54	52	51	49

zent selten. Wenn Sie dies berücksichtigen, könnten Sie sogar ein bisschen mehr als den errechneten Anteil in Aktienfonds investieren.

Wichtig: Je höher die Rendite Ihrer festverzinslichen Anlage ist, desto höher kann auch der Aktienanteil in Ihrem Fondsdepot sein (➔ Tabelle, links). Problematisch wird das Garantiedepot allerdings wenn, die ursprünglich festgelegte Laufzeit nicht eingehalten wird. Will der Anleger schon nach zwei anstatt nach fünf Jahren an sein Geld heran, drohen ihm bei ungünstiger Börsenlage herbe Verluste.

Alternative zu Fonds

Eine Alternative zu Fonds wären für Günther Guthmann Zertifikate. Auch bei Zertifikaten sind Kursverluste möglich. Infrage kommen für ihn zum Beispiel Discount- oder Bonuszertifikate. Auch Indexzertifikate könnten interessant sein (➔ Seite 96). Allerdings besteht bei Zertifikaten anders als bei Fonds das Risiko, dass die herausgebende Bank Pleite macht und das angelegte Geld verloren ist. Deshalb sollte er nicht zu viel Geld in Zertifikate einer einzelnen Bank investieren, sondern darauf achten, dass er das Risiko auf unterschiedliche Herausgeber verteilt.

TIPP

Wenn Sie sich für Indexzertifikate interessieren, sollten Sie darauf achten, ein Zertifikat auf einen Performanceindex, nicht auf einen Kursindex zu wählen. Denn bei Zertifikaten auf einen Performanceindex werden Dividendenzahlungen mit berücksichtigt und wieder mit angelegt. Sie sind daher lukrativer. Sonst ist es besser Indexfonds zu wählen. Bei ihnen werden die Dividenden in jedem Fall berücksichtigt.

Anlageentscheidungen nicht von Steuer abhängig machen

Allein die steuerliche Behandlung einer Geldanlage sollte für Sie kein Kriterium für oder gegen ein Produkt sein: Gerade zur Einführung der Abgeltungsteuer werden Sie immer mal wieder in der Werbung oder durch einen Anlageberater auf Angebote gestoßen sein, mit denen Sie der Abgeltungsteuer entgehen können. Beispiel Immobilien: Sie sind von der Abgeltungsteuer nicht betroffen. Wenn Sie in Immobilien investieren und diese mindestens zehn Jahre halten, ist ein möglicher Verkaufsgewinn nicht steuerpflichtig. Dann könnte es ja sinnvoll sein, es mit einer vermieteten Eigentumswohnung zu versuchen, so eine mögliche Schlussfolgerung.

TIPP

Immobilieninvestitionen sollten auf einen langen Anlagehorizont von mindestens zehn Jahren ausgerichtet sein – zumal sich Immobilienvermögen häufig nicht stückeln und je nach Bedarf Schritt für Schritt verkaufen lässt.

Natürlich lassen sich mit einer vermieteten Wohnung ansprechende Renditen erzielen. Eine Mietwohnung kann aber auch einmal leer stehen. Entscheiden Sie sich nur für so eine Investition, wenn Sie mögliche Einnahmeausfälle verkraften können.

Und zweitens sollten Sie auch bereit sein, die Mühe, die mit einer vermieteten Eigentumswohnung verbunden ist, in Kauf zu nehmen. Zwar können Sie einen Großteil der Verwaltung und Abwicklung an einen Dienstleister vergeben, aber dennoch kann es nicht schaden, wenn Sie sich zum Beispiel selbst um die Auswahl der Mieter kümmern. Das kostet Zeit. Ein Selbstläufer als bequeme Geldanlage ist die vermietete Eigentumswohnung also nicht.

Werben mit Steuervorteil

Der potenzielle Steuervorteil könnte außerdem ein Verkaufsargument für geschlossene Fonds sein:

Beispiel: Christian Clemens ist 66 Jahre. Der ehemalige Rechtsanwalt bezieht monatlich eine Rente von 3200 Euro aus dem berufsständischen Versorgungswerk und 600 Euro aus einer privaten Rentenversicherung. Während der Berufstätigkeit hat er so gut verdient, dass er unter anderem eine Eigentumswohnung kaufen konnte, die nun vermietet ist. Außerdem steckt ein Teil seines Vermögens in gut laufenden Aktien, in diversen Investmentfonds und Anleihen. Regelmäßig erhält er Angebote für Geldanlagen wie Schiffs- oder Immobilienbeteiligungen. Der geschiedene Mann lebt mit seiner Freundin, die berufstätig und zehn Jahre jünger ist als er, im eigenen Haus. Seine Ex-Frau ist wieder verheiratet.

Selbst für finanziell sehr gut abgesicherte Ruheständler wie Herrn Clemens gilt: Investieren Sie besser nicht in geschlossene Fonds oder andere Formen einer Unternehmensbeteiligung. Sie sind ausgesprochen riskant und haben darüber hinaus einen sehr langen Anlagehorizont von zehn oder zwanzig Jahren.

Wichtig: Es stimmt zwar, dass beispielsweise die Gewinne aus dem Verkauf von Anteilen an geschlossenen Immobilienfonds abgeltungsteuerfrei bleiben – anders als etwa bei offenen Immobilienfonds. Allerdings sollte nicht die steuerliche Situation, sondern die tatsächliche Renditechance ausschlaggebend für Ihre Anlageentscheidung sein!

Renditechancen nutzen

Insgesamt kann Herr Clemens finanziell quasi aus dem Vollen schöpfen. Selbst wenn er mit seinen Geldanlagen wie Einzelaktien oder Zertifikaten Verluste erzielt, reichen seine regelmäßigen Einnahmen für alle fälligen Ausgaben.

Auch Unternehmensanleihen könnten für ihn interessant sein. Die Bewertungen der Rating-Agenturen sollten aber auch wohlhabende Anleger wie er nicht außer Acht lassen: Schlechter als „BBB" sollten die Ratings für die Bonität der Unternehmen nicht sein, denn sonst wäre das Verlustrisiko zu groß.

Trotz aller finanzieller Spielräume sollte Herr Clemens darauf achten, nicht nur langlaufende und renditestarke Anlagen im Depot zu haben: Eine sinnvolle Mischung von Papieren mit unterschiedlichen Laufzeiten ist für ihn ebenfalls vorteilhaft. Dazu gehört auch, dass er wie die Senioren in den vorherigen Beispielen einen Teil seines Geldes so anlegt, dass er bei einem unvorhergesehen Notfall kurzfristig darauf zurückgreifen kann.

TIPP

Seien Sie vorsichtig, wenn Ihnen Anleihen nur direkt vom Herausgeber angeboten werden (Direktemissionen) und nicht über Bank oder Börse. Woher wissen Sie, ob der Herausgeber tatsächlich in der Lage ist, das Geld nach Ende der Laufzeit zurückzuzahlen? Gehen Sie lieber den sichereren Weg und kaufen Sie bewertete Papiere über Bank oder Börse.

Wichtig: Für sehr wohlhabende Rentner, die bei der Geldanlage mehr riskieren können und einen gewissen Kick wünschen, reicht das Produktangebot natürlich noch deutlich weiter: Da Produkte wie Aktienanleihen, Optionsscheine oder Genussscheine für den allergrößten Teil der Senioren allerdings nicht als Anlage infrage kommen, werden sie in diesem Ratgeber nicht weiter vorgestellt. Wollen Sie in riskante Anlagen investieren, informieren Sie sich gut über den Herausgeber der Papiere! Lassen Sie sich nicht auf ein überstürztes Investment ein.

Sicherheit – auch für den Partner

Ein weiterer Aspekt, den Herr Clemens für sich klären sollte: Wie ist seine Lebenspartnerin abgesichert? Wenn die beiden zusammenbleiben und sie die Frau ist, die einmal sein Vermögen bekommen soll, kann es sich sehr lohnen, wenn das Paar frühzeitig einige Dinge klärt und vielleicht auch ändert.

Das gilt zum einen bezüglich des Nachlasses, auf den seine nicht verheiratete Lebenspartnerin nach der gesetzlichen Erbfolge keinen Anspruch hätte. Nur über ein Testament oder einen Erbvertrag könnte Herr Clemens dafür sorgen, dass seine Partnerin nach seinem Tod auch tatsächlich etwas von seinem Vermögen bekommt (➔ Seite 107).

Zu bedenken sind auch die steuerlichen Voraussetzungen: Auf nicht verheiratete Erben kommt nach der Erbschaftsteuerreform eine deutlich höhere Belastung zu als bisher (➔ Seite 109). Hier könnte vielleicht eine vorzeitige Schenkung helfen. Herr Clemens kann seiner Lebensgefährtin nach neuem Recht bis zu 20 000 Euro übertragen, ohne dass sie dafür Schenkungsteuer zahlen muss. Dieser Freibetrag kann alle zehn Jahre genutzt werden.

Mit einer Heirat würde sich der Freibetrag seiner Partnerin deutlich erhöhen: Nach den geplanten Steueränderungen könnte er ihr dann alle zehn Jahre ein Vermögen von bis zu 500 000 Euro steuerfrei übertragen oder später vererben, ohne dass Schenkungs- oder Erbschaftsteuer dafür fällig würde (➔ Tabelle, Seite 107).

Service

Adressen

Börsen- und Bankenaufsicht

Bundesanstalt für Finanzdienstleistungsaufsicht (BaFin)
Abt. Wertpapieraufsicht
Lurgiallee 12
60439 Frankfurt
Abt. Banken- und Versicherungsaufsicht
Graurheindorfer Str. 108
53117 Bonn
Tel. 02 28/41 08-0
www.bafin.de

Bankenverbände und -organisationen

Bundesverband Deutscher Banken (BdB)
Burgstraße 28
10178 Berlin
Tel. 0 30/16 63-0
www.bankenverband.de

Bundesverband der Deutschen Volksbanken und Raiffeisenbanken e. V. (BVR)
Schellingstraße 4
10785 Berlin
Tel. 0 30/20 21-0
www.bvr.de

Deutscher Sparkassen- und Giroverband (DSGV)
Charlottenstraße 47
10117 Berlin
Tel. 0 30/2 02 25-0
www.dsgv.de

Verband Deutscher Hypothekenbanken e. V.
Georgenstraße 21
10117 Berlin
Tel. 0 30/2 09 15-1 00
www.hypverband.de

Bundeswertpapiere

Deutsche Finanzagentur
Lurgiallee 5
60295 Frankfurt/Main
Tel. 0 800/2 22 55 10
(Service-Center)
Tel. 0 800/2 22 55 20
(Service-Computer)
www.deutsche-finanz
agentur.de

Aktien und Fonds

Bundesverband Investment und Asset Management e. V. (BVI)
Eschenheimer Anlage 28
60318 Frankfurt/Main
0 69/15 40 90-0
www.bvi.de

Versicherungen

BVVB Bundesverband Versicherungsberater e.V.
Rheinweg 24
53113 Bonn
Tel. 02 28/387 29 29
www.bvvb.de

Steuern

Bundesverband der Steuerberater e. V.
Uhlandstraße 97
10715 Berlin
Tel. 030 / 84 47 85 10

Deutscher Steuerberaterverband e. V.
„Haus der Verbände“
Littenstraße 10
10179 Berlin
Tel. 0 30/2 78 76 2
www.dstv.de

Bundesverband der Lohnsteuerhilfevereine e. V.
Kastanienallee 18
14052 Berlin
Tel. 0 30/30 10 86 10
www.bdl-online.de

Neuer Verband der Lohnsteuerhilfevereine e. V.
Oranienburger Chaussee 51
13465 Berlin
Beratungsstellensuche:
Tel. 030/ 40 63 24 49
www.nvl.de

Verbraucherzentralen

Verbraucherzentrale Baden-Württemberg e. V.
Paulinenstraße 47
70178 Stuttgart
Tel. 07 11/66 91 10
www.verbraucherzentrale-bawue.de

Verbraucherzentrale Bayern e. V.
Mozartstraße 9
80336 München
Tel. 0 89/53 98 70
www.verbraucherzentrale-bayern.de

Verbraucherzentrale Berlin e. V.
Hardenbergplatz 2
10623 Berlin
Tel. 0 30/21 48 50
www.verbraucherzentrale-berlin.de

Verbraucherzentrale Brandenburg e. V.
Templiner Straße 21
14473 Potsdam
Tel. 03 31/29 87 10
www.vzb.de

Verbraucherzentrale des Landes Bremen e. V.
Altenweg 4
28195 Bremen
Tel. 04 21/16 07 77
www.vz-hb.de

Verbraucherzentrale Hamburg e. V.
Kirchenallee 22
20099 Hamburg
Tel. 0 40/2 48 32-0
www.vzhh.de

Verbraucherzentrale Hessen e. V.
Große Friedberger Straße 13–17
60313 Frankfurt am Main
Tel. 0 69/9 72 01 00
www.verbraucher.de

Neue Verbraucherzentrale Mecklenburg-Vorpommern e. V.
Strandstraße 98
18055 Rostock
Tel. 03 81/2 08 70 50
www.nvzmv.de

Verbraucherzentrale Niedersachsen e. V.
Herrenstraße 14
30159 Hannover
Tel. 05 11/9 11 96 0
www.vzniedersachsen.de

Verbraucherzentrale Nordrhein-Westfalen e. V.
Mintropstraße 27
40215 Düsseldorf
Tel. 02 11/3 80 90
www.verbraucherzentrale-nrw.de

Verbraucherzentrale Rheinland-Pfalz e. V.
Ludwigstraße 6
55116 Mainz
Tel. 0 61 31/2 84 80
www.vz-rlp.de

Verbraucherzentrale des Saarlandes e. V.
Trierer Straße 22
66111 Saarbrücken
Tel. 06 81/50 08 90
www.vz-saar.de

Verbraucherzentrale Sachsen e. V.
Brühl 34–38
04109 Leipzig
Tel. 03 41/6 88 80 80
www.vzs.de

Verbraucherzentrale Sachsen-Anhalt e. V.
Steinbockgasse 1
06108 Halle
Tel. 03 45/2 98 03 29
www.vzsa.de

Verbraucherzentrale Schleswig-Holstein e. V.
Bergstraße 24
24103 Kiel
Tel. 04 31/59 09 90
www.verbraucherzentrale-sh.de

Verbraucherzentrale Thüringen e. V.
Eugen-Richter-Straße 44
99085 Erfurt
Tel. 03 61/55 51 40
www.vzth.de

Fondsvermittler

4Free
Tel. 0 40/24 42 96- 20
www.4free-ag.de

AAD Fondsdiscount
Tel. 0 64 21/93 32 70
www.aad-fondsdiscount.de

AAV Fondsvermittlung
Tel. 0 73 61/68 04 75
www.fondsvermittlung.de

AVL- Finanzdienstleistung Investmentfonds
Tel. 0 71 51/99 69-06
www.avl-finanzdienstleistung.de

best-in-fonds
Tel. 07 11/63 35 66-0
www.best-in-fonds.de

De Levie Die Wirtschaftsberatung
Tel. 0 91 52/92 14 44
www.fonds-marktplatz.de

Dima 24.de
Tel. 0 800/2 42 50 00
www.happyfonds.de

direktfonds24
Tel. 0 180 5/000461
www.direktfonds24.de

Discount-Fonds-Service
Tel. 0 72 31/94 73 64
www.discount-fonds-service.de

DTW Fonds-Service
Tel. 06 21/86 75 00
www.fondsclever.de

FD Fonds-Sparkauf
Tel. 0 87 72/13 03
www.fonds-sparkauf.de

fin@nzoptimierung.de Discountbroker
Tel. 0 55 51/91 41 00
www.finanzoptimierung.de

Finanzpartner.DE
Tel. 0 22 41/97 58 10
www.finanzpartner.de

First in Fonds
Tel. 0 89/21 38 37 78
www.first-in-fonds.de

fit4fonds
Tel. 0 800/9 74 37 00
www.fit4fonds.de

Fonds4you.de
Tel. 03 42 98/3 47 44
www.fonds4you.de

fondsexperte24
Tel. 0 89/30 90 99-70
www.fondsexperte24.de

fonds-for-less.de Dr. Sievert & Partner
Tel. 04 31/5 35 36 66
www.fonds-for-less.de

fonds-im-Netz.de
Tel. 0 61 72/26 90 00
www.fonds-im-netz.de

Fondspower.de
Tel. 0 47 92/95 06 38
www.fondspower.de

www.fondsrabatt-mainz.de
Tel. 0 61 31/4 58 68
www.fondsrabatt-mainz.de

Fund-Discount
Tel. 0 800/5 35 26 26
www.fund-discount.de

IFD-Investmentfonds Direkt
Tel. 0 18 05/80 85 44
www.investmentfondsdirekt.de

Infos GmbH Investment Fonds Selection
Tel. 0 800/7 44 74 42
www.infos.com

Invextra
Tel. 02 21/57 09 60
www.invextra.de

Laransa Fonds-Broker
Tel. 0 30 /30 10 96 10
www.laransa.de

Trigonus Fondsnet
Tel. 0 61 81/90 80 61 10
www.trigonus.de

VSP Financial Services
Tel. 0 180/50 10 56 01
www.fondsvermittlung24.de

Worldfonds
Tel. 0180 3/9 67 53 36
www.worldfonds.de

Glossar

Abgeltungsteuer: Gewinne aus Wertpapierverkäufen sowie Kapitalerträge wie Zinsen und Dividenden, die oberhalb eines Sparerpauschbetrags von 801 Euro für Alleinstehende (1602 Euro für Ehepaare) liegen, werden ab 2009 pauschal mit 25 Prozent versteuert.

Assetklasse: Jede Anlageform lässt sich einer Vermögensklasse zuordnen („asset", engl.: Vermögensgegenstand). Zu den wichtigsten Assetklassen zählen Aktien, Anleihen und andere Zinsanlagen.

Ausgabeaufschlag: Diese Gebühr kassiert der Verkäufer von Fondsanteilen, also zum Beispiel die Bank, bei der ein Anleger die Anteile kauft. Der Ausgabeaufschlag ist der Preis für diese Dienstleistung.

Ausschüttende Fonds: Diese Fonds schütten Zinsen und Dividenden jährlich an die Anleger aus. Darauf wird sofort Abgeltungsteuer fällig, auch wenn die ausgeschütteten Erträge wieder in neue Fondsanteile fließen. Hat der Anleger sein Depot in Deutschland, zieht seine Bank die Abgeltungsteuer ab. Das gilt für inländische wie für ausländische Erträge.

Betriebsrente: Unter dem Begriff Betriebsrente werden umgangssprachlich ganz unterschiedliche Leistungen aus einer betrieblichen Altersvorsorge aufgrund der früheren Erwerbstätigkeit zusammengefasst: Dabei handelt es sich um Renten oder Pensionen des früheren Arbeitgebers, für die ganz unterschiedliche Steuerregeln gelten können. Es gibt fünf Variationsmöglichkeiten für eine Versorgung im Alter über den früheren Betrieb: Direktzusage, Unterstützungskasse, Pensionskasse, Direktversicherung und Pensionsfonds.

Bond: Andere Bezeichnung für Anleihe.

Bonität: Die Kreditwürdigkeit eines Herausgebers von Anleihen oder Zertifikaten.

Depotgebühren: Viele Banken und Investmentgesellschaften verlangen für die Verwahrung von Wertpapieren Gebühren. Die Depotgebühren können Anleger ab 2009 nicht mehr als Werbungskosten geltend machen.

Emittent: Herausgeber einer Anleihe oder eines Zertifikats.

Ertragsanteil: Viele Renten aus privaten Versicherungen sind mit dem sogenannten Ertragsanteil steuerpflichtig. Die Höhe dieses steuerpflichtigen Ertragsanteils richtet sich danach, in welchem Alter die Rente erstmals gezahlt wurde und für welche Laufzeit sie gezahlt wird. Das bedeutet, dass beispielsweise eine lebenslange Rente aus einer privaten Rentenversicherung zu 18 Prozent steuerpflichtig ist, wenn die Rente erstmals im Alter von 65 Jahren ausgezahlt wurde. Für zeitlich befristete Renten wird anders gerechnet: Wenn beispielsweise die private Berufsunfähigkeitsversicherung nur für sechs Jahre eine Rente zahlt, liegt der steuerpflichtige Ertragsanteil bei 7 Prozent.

Exchange Traded Funds (ETF): Börsengehandelte Fonds.

Fondsvermittler: Eine Art freier Handelsvertreter für Fonds, der seinen Kunden Fonds lediglich vermittelt, aber keine Beratung bietet und Fonds nicht selbst auflegt.

Freistellungsauftrag: Sparer können für ihre Geldanlage Freistellungsaufträge bis zur Höhe des Sparerpauschbetrags erteilen. Erst wenn die freigestellte Summe überschritten ist, führt die Bank Abgeltungsteuer ab. Ab 2009 kann ein Freistellungsauftrag nur noch pro Geldinstitut, nicht mehr für einzelne Anlagen, erteilt werden.

Grenzsteuersatz: Bei der Einkommensteuer muss zwischen dem Durchschnittssteuersatz des Einzelnen und seinem Grenzsteuersatz unterschieden werden. Im Hinblick auf die Abgeltungsteuer ist der Grenzsteuersatz entscheidend, mit dem der letzte verdiente Euro zu versteuern ist: Liegt der Satz unter 25 Prozent, lohnt sich in der Regel die Abrechnung der Kapitaleinkünfte über die Steuererklärung.

Index: Bei einem Index handelt es sich um eine Art Marktbarometer, das die durchschnittliche Kursentwicklung einer bestimmten Zahl gleichartiger Wertpapiere widerspiegelt (Beispiel: beim Deutschen Aktienindex Dax die 30 wichtigsten Akiengesellschaften in Deutschland).

Isin: Abkürzung für International Securities Identification Number, eine Art Bestellnummer für Wertpapiere. Damit die Bank angesichts Zehntausender von Wertpapieren auch tatsächlich die von ihrem Kunden gewünschten Aktien oder Anleihen an der Börse besorgt, bekommt jedes Wertpapier mit der Emission eine Nummer, anhand derer es sich zweifelsfrei identifizieren und zuordnen lässt. Die Isin wird auf jedem Kauf- und Verkaufsantrag vermerkt. Sollte der Kunde die Nummer nicht selbst wissen, setzt sie der Bankmitarbeiter ein.

Kapitallebensversicherung: Für viele Ruheständler von heute bildet die (Kapital)-Lebensversicherung einen wichtigen Bestandteil der Absicherung im Alter. Die Leistungen einer Lebensversicherung können entweder auf einen Schlag ausgezahlt werden oder in Form einer lebenslangen Rente. Wurde eine Kapitallebensversicherung vor 2005 abgeschlossen, bleibt die Kapitalauszahlung auf einen Schlag steuerfrei, wenn der Vertrag mindestens zwölf Jahre gelaufen ist und mindestens fünf Jahre lang Beiträge eingezahlt wurden. Für Verträge, die nach dem 31. März 1996 (bei Direktversicherungen: nach dem 31. Dezember 1996) geschlossen wurden, gilt zudem die Vorgabe, dass mindestens 60 Prozent der Beitragssumme für den Todesfallschutz dienen müssen. Sonst ist die Auszahlung nicht steuerfrei. Die Kapitalauszahlung aus einer Kapitallebensversicherung, die ab 2005 geschlossen wurde, ist zur Hälfte steuerpflichtig, wenn der Vertrag mindestens zwölf Jahre läuft und das Kapital nicht vor dem 60. Geburtstag ausgezahlt wird. Rentenzahlungen aus einer Lebensversicherung werden mit dem → Ertragsanteil versteuert – unabhängig davon, ob der Vertrag vor oder nach 2005 geschlossen wurde.

Kupon: Bezeichnung für Ertragsscheine, die zu einem Wertpapier gehören. Im Fall einer Anleihe sind das die Zinsscheine, weswegen der nominelle Zinssatz einer Anleihe auch kurz als Kupon bezeichnet wird. Bei einer Aktie spricht man dagegen von den Dividendenscheinen.

Lebensversicherung → Kapitallebensversicherung

Liquidität: Ausdruck dafür, wie schnell eine Kapitalanlage zu Geld gemacht werden kann. Im engen Sinn: Qualitative Maßzahl dafür, wie rege ein bestimmtes Papier an der Börse gehandelt wird.

Marktzinsniveau: Der Zinssatz, der für Papiere einer bestimmten Laufzeit zu einem bestimmten Zeitpunkt als marktüblich gilt. Durch Zusammenstellung der marktüblichen Zinsen für alle wichtigen Laufzeiten ergibt sich die Zinsstruktur eines Marktes. Kennzahlen für das Zinsniveau am deutschen Kapitalmarkt sind zum Beispiel die Umlaufrendite öffentlicher Anleihen oder die Rendite zehnjähriger Bundesanleihen.

Nachgelagerte Besteuerung: Alterseinkünfte müssen versteuert werden, während Beiträge für den Aufbau der Altersvorsorge steuerfrei gestellt werden.

Passiv gemanagte Fonds: Bei Indexfonds (→ Seite 87) trifft der Fondsmanager keine eigenen aktiven Anlageentscheidungen, sondern bildet passiv einen → Index nach.

Quellensteuer: Quellensteuer fällt auf Kapitaleinkünfte an, die ein Anleger im Ausland erzielt. Dort führt die ausländische Bank direkt Geld an das ausländische Finanzamt ab. Im Inland wird die Steuer zwar auch an der Quelle erhoben, hier heißt sie dann aber nicht Quellen-, sondern Abgeltungsteuer.

Referenzzinssatz: Fester Orientierungsmaßstab, aus dem sich die Verzinsung eines Papiers ableitet. Bei Banksparplänen kann das zum Beispiel die Umlaufrendite sein.

Regelaltersrente: Derzeit haben Versicherte noch einen Anspruch auf Regelaltersrente, wenn sie mindestens fünf Jahre Beiträge in die gesetzliche Rentenversicherung eingezahlt und das 65. Lebensjahr vollendet haben. Diese Grenze soll ab 2012 stufenweise auf 67 steigen. Um Rente zu erhalten, muss der Versicherte bei der gesetzlichen Rentenversicherung einen Antrag stellen. Möglich ist ein formloser Brief, doch besser ist, die Formulare der Rentenversicherer zu nutzen.

Riester-Förderung: Pflichtversicherte in der gesetzlichen Rentenversicherung haben Anspruch auf eine geförderte Altersvorsorge mittels eines Riester-Vertrages. Selbstständigen, die keine Pflichtversicherten sind, bleibt eine Ausweichmöglichkeit, um in den Genuss der Förderung zu kommen: Ist ihr Ehepartner förderberechtigt und hat auch einen Vertrag abgeschlossen, haben Selbstständige ebenfalls eine Chance auf den Zuschuss.

Sparerfreibetrag/Sparerpauschbetrag: Der Sparerfreibetrag liegt 2008 inklusive Werbungskostenpauschale von 51/102 Euro bei 801 Euro für Alleinstehende und 1602 Euro für Ehepaare pro Jahr. Kapitalerträge wie Zinsen und Dividenden sind bis zu dieser Obergrenze steuerfrei. Ab 2009 wird der Sparerfreibetrag durch den Sparerpauschbetrag ersetzt. Dieser Freibetrag gilt auch für Gewinne aus Wertpapierverkäufen, sodass viele Sparer und Anleger ihn künftig schneller ausschöpfen dürften und unter Umständen höhere steuerpflichtige Einkünfte haben.

Thesaurierende Fonds: Sie führen Zinsen und Dividenden, die sie erwirtschaften, sofort dem Fondsvermögen zu. Der Vorteil: Der Anleger muss sich um die Wiederanlage der Erträge nicht selbst kümmern. Ab 2009 zieht die Fondsgesellschaft bei in Deutschland aufgelegten Fonds die Abgeltungsteuer jährlich ab und führt nur den Rest dem Fondsvermögen zu. Bei ausländischen Fonds zieht die Fondsgesellschaft keine Steuern ab, sondern führt die Erträge voll dem Fondsvermögen zu. Auch die Bank, die das Depot des Anlegers führt, zieht in diesem Fall keine Abgeltungsteuer ab. Der Anleger muss die thesaurierten Erträge in der Steuererklärung angeben und die Steuer selbst abführen.

Umlaufrendite öffentlicher Anleihen: Eine Art Durchschnittszins, der aus über hundert Anleihen öffentlicher Herausgeber mit unterschiedlichen Restlaufzeiten errechnet wird.

Zinstreppe: Eine Festzinsvariante, die von Banken bei Einmalanlagen und Sparplänen mit vorzeitiger Kündigungsmöglichkeit angeboten wird: Der Nominalzins steigt während der Laufzeit jährlich an. Damit werden die Anleger mit einer steigenden Rendite belohnt, die bei der Stange bleiben. Bekanntestes Produkt dieser Art ist der Bundesschatzbrief.

Stichwortverzeichnis

L

M

N

O

P

Q

R

S

Impressum

Herausgeber und Verlag
Stiftung Warentest
Lützowplatz 11–13
10785 Berlin
Tel. 0 30/26 31–0
Fax 0 30/26 31–25 25
www.test.de

Vorstand
Dr. jur. Werner Brinkmann

Weiteres Mitglied der Geschäftsleitung
Hubertus Primus (Publikationen)

Vertrieb Bücher
Christian Wagner

Autorin
Isabell Pohlmann, Finanzjournalistin

Lektoratsleitung
Dr. med. vet. Ines George

Lektorat
Ursula Rieth
Heike Plank

Fachliche Beratung
Karin Baur, Dr. Bernd Brückmann, Uwe Döhler, Susanne Meunier, Stefan Kühnlenz, Uwe Rauhöft, Martin Schulz, Rainer Zuppe

Layout
Anne-Katrin Körbi

Titel
Anne-Katrin Körbi

Bildnachweis
Titel: Getty Images/George Doyle;
Inhalt: Getty Images – Stephen Simpson (S. 7, 109), altrendo images (S. 8), Soren Hald (S. 10, 40), Ronnie Kaufmann (S. 28), Terry Vine (S. 39), Kaz Mori (S. 103), Vincent Ricardel (S. 106), Michelangelo Gratton (S. 113), Image Source (S. 114), Siri Stafford (S. 135); Ralph Kaiser

Produktion
Vera Göring
Sylvia Heisler

Verlagsherstellung
Rita Brosius

Litho
tiff.any GmbH, Berlin

Druck
Rasch Druckerei und Verlag GmbH, Bramsche

Einzelbestellung
Stiftung Warentest
Vertrieb, Postfach 81 06 60
70523 Stuttgart
Tel. 0 180 5/00 24 67
(14 Cent pro Minute aus dem Festnetz)
Fax 0 180 5/00 24 68
(14 Cent pro Minute aus dem Festnetz)
www.test.de/shop

Redaktionsschluss: Oktober 2008